Wenn du geliebt werden willst, dann liebe

Ronald Schweppe
Aljoscha Long

Wenn du geliebt werden willst, dann liebe

Die Magie der
liebevollen Achtsamkeit

Verlagsgruppe Random House FSC® N001967

Erste Auflage 2019

Redaktion: Dr. Diane Zilliges
Umschlaggestaltung: Guter Punkt, München,
unter Verwendung von Motiven von
© aqua_marinka/gettyimages (Ornament) /
© moZz/Adobestock (Hintergrund)
Satz: Satzwerk Huber, Germering
Druck und Bindung: CPI books GmbH, Leck
ISBN 978-3-7787-9294-0

www.Integral-Lotos-Ansata.de
www.facebook.com/Integral.Lotos.Ansata

Inhaltsverzeichnis

Vorwort

Jeder Mensch sehnt sich tief in seinem Herzen danach, von anderen »gesehen«, wertgeschätzt und geliebt zu werden. Einige von uns spüren diese Sehnsucht sehr deutlich, viele erfahren sie als schmerzhaft. Andere empfinden eher ein diffuses Gefühl der Unzufriedenheit, der Leere oder Traurigkeit.

Der Traum von Nähe und Wärme ist nicht nur menschlich, sondern auch sehr wichtig. Ohne diesen Traum könnten wir nie Wesentliches verändern, könnten nicht wachsen und letztlich auch nicht glücklich werden. Das Problem ist nur:

Liebe kommt nur zu denen, die lieben.

Vielleicht sagst du: »Ja, aber ich liebe doch! Mein Problem ist nur, dass ich nicht geliebt werde.« Verwechselst du »lieben« dann möglicherweise mit »haben wollen«? Wenn du einsam bist, wenn du dich nach erfüllenderen Beziehungen sehnst, wenn du dich unter Menschen oft unsicher fühlst oder findest, dass dein Partner, deine Kinder, Eltern, Freunde oder Kollegen dich nicht gut und schon gar nicht liebevoll behandeln, dann mach nicht den Fehler, den so viele machen: Hoffe nicht darauf, dass Liebe einfach irgendwann vom Himmel fallen wird, wenn du es dir nur stark genug wünscht. Überlasse dein Glück nicht dem Zufall. Schiebe eine unbefriedigende Lebenssituation nicht auf das Schicksal. Verschwende deine wertvolle Zeit nicht damit, auf etwas zu warten, das niemals eintreten wird.

Wenn du dich nach mehr Wärme sehnst,
dann zünde selbst ein Feuer an.
Wenn du dir wünschst, dass andere auf dich zugehen
und sich dir öffnen, dann mach selbst den ersten
Schritt und gehe auf sie zu.
Wenn du willst, dass deine Mitmenschen dich mitfühlend
und achtsam behandeln, dann lerne, allen Menschen
mit Achtsamkeit und Mitgefühl zu begegnen.
Wenn du geliebt werden willst, dann liebe!

Durch Achtsamkeit und Mitgefühl können wir all unsere Beziehungen heilen – einschließlich der Beziehung zu uns selbst. Ein liebevolles Herz ist stärker als Ängste, Sorgen, Wut oder Anspannungen, ja sogar stärker als Krankheit – denn Mitgefühl aktiviert unsere Selbstheilungskräfte. Und doch sollten wir nicht den Fehler machen, lieben nur als Mittel zum Zweck anzusehen (um geliebt zu werden, um gesund zu werden, um eine bessere Ehe zu führen …). Ein liebevolles Herz ist für sich Belohnung genug – es ist das größte Geschenk, das wir anderen und uns selbst machen können.

»Welch eine himmlische Empfindung ist es,
seinem Herzen zu folgen.«
Johann Wolfgang von Goethe

Liebevolle Achtsamkeit leben

Bestimmt nicht alle, aber doch einige unserer Wünsche sind Herzenswünsche. Diese Wünsche sind wichtig, damit wir wachsen, uns entwickeln und unser Potenzial zum Erblühen bringen können. Zu diesen heilsamen Wünschen gehört der Wunsch nach harmonischeren Beziehungen, nach mehr Nähe und Vertrauen zu anderen Menschen und das Bedürfnis, sich in dieser Welt geborgen und willkommen zu fühlen.

Was wir uns wünschen, das wissen wir meist recht gut. Aber fragen wir uns auch ebenso eindringlich, was wir zu geben bereit sind? Denn diese Frage ist letztlich viel entscheidender für unser Glück: Während wir zunächst nur wenig Einfluss darauf haben, was wir *bekommen* werden, haben wir sehr großen Einfluss darauf, was wir *geben* können. Das eine hängt unmittelbar mit dem anderen zusammen. Vielleicht kennst du ja den Satz:

Stell dir vor, die Zukunft wird wunderbar ...
und du bist schuld!

Ob deine Zukunft frustrierend oder wundervoll wird, hängt sehr viel stärker von dir selbst ab, als du vielleicht denkst. Durch deine Worte, Handlungen und deine Einstellung erschaffst du deine Zukunft, egal ob dir das nun bewusst ist oder nicht. Wenn du Liebe und Mitgefühl empfangen willst, dann beginnst du am besten erst einmal damit, selbst Liebe und Mitgefühl in die Welt zu senden. Dann spiegelt die Welt dir Liebe und Mitgefühl zurück.

Je mehr Blüten unserem Herzen entspringen, desto mehr »Bienen« werden wir anziehen. Je mehr wir uns öffnen, desto mehr liebevollen Menschen werden wir begegnen.

Natürlich wissen wir diese Dinge im Grunde unseres Herzens bereits. Schon vor Tausenden von Jahren wurden diese Einsichten von Weisen und spirituellen Lehrern formuliert. Wichtig ist aber, sich auch immer wieder daran zu erinnern – und gerade das fällt uns im hektischen Alltag gar nicht so leicht. Wer noch schnell die Einkäufe fürs Wochenende erledigen muss, bevor die Verwandten vor der Tür stehen, denkt nicht unbedingt daran, sich um ein liebevolles Herz zu kümmern. Und dann stellt sich natürlich noch die Frage, *wie* wir das denn machen sollen: unser Herz öffnen, anderen Menschen mitfühlend begegnen und uns auch selbst liebevoll behandeln. Geht das überhaupt? Und wenn ja – wie denn eigentlich?

Um die erste Frage zu beantworten: Ja, es ist möglich, mitfühlend zu leben – und zwar für jeden von uns. Und es ist nicht nur möglich, sondern auch erfüllender und leichter. Die Antwort auf die Frage nach dem »Wie« lautet: durch die Praxis des Mitgefühls oder genauer gesagt durch *liebevolle Achtsamkeit.*

Anderen Menschen und uns selbst Liebe zu schenken, ist nicht schwer. Mit einfachen Gesten der Wertschätzung, freundlichen Worten, hilfreichen Taten und einem inneren Lächeln können wir jeden Tag Mitgefühl praktizieren. Überall und zu jeder Zeit gibt es unzählige Gelegenheiten, uns intensiv mit anderen Menschen zu verbinden und uns für sie zu öffnen. In Einklang mit ihnen können wir die Kraft unseres Herzens im Laufe der Zeit mehr und mehr entwickeln.

Der Schlüssel zu erfüllenderen Beziehungen und Herzenswärme ist liebevolle Achtsamkeit, wie sie auch in einem einfachen buddhistischen Leitsatz zum Ausdruck kommt: »Sei achtsam und liebe.« Mehr gibt es nicht zu tun – alles andere ist nicht so wichtig.

Liebevolle Achtsamkeit ermöglicht es uns, in unserem Leben Sanftmut, Freude und heitere Gelassenheit anzuziehen und mit der stärksten Kraft im Universum in Kontakt zu treten: mit der Liebe.

In den folgenden Kapiteln werden wir dir viele verschiedene Wege zeigen, wie du die Magie der liebevollen Achtsamkeit entdecken und nutzen kannst. Du wirst auf dieser Reise lernen, dein Herz mehr und mehr zu öffnen – für dich, für alle, die dir wichtig sind, ja sogar für Menschen, die dir (noch) ganz und gar unwichtig sind. Das ist einfacher, als du denkst, und »funktioniert«, sobald du nur den ersten Schritt in diese Richtung machst.

Die ewige Sehnsucht des Herzens

»Nicht die sind zu bedauern, deren Sehnsüchte nicht in Erfüllung gehen, sondern diejenigen, die keine mehr haben.«
Marie von Ebner-Eschenbach

In jedem von uns lebt die Sehnsucht nach Liebe. Ganz gleich, wie unterschiedlich wir auch sein mögen, ganz egal, an was wir glauben, wie alt wir sind oder woher wir kommen – alle Menschen sehnen sich in ihrem Innersten nach Wärme und Verbundenheit und danach, frei von Leid und Konflikten zu sein. Im Grunde träumen wir alle von einer Welt ohne Kriege, Einsamkeit und Feindseligkeiten und davon, dass wir im Umgang miteinander achtsamer und mitfühlender sind. Allerdings gibt es viele Menschen, die sich dessen gar nicht bewusst sind. So absurd es klingen mag: Sie wollen eigentlich lieben, wissen es aber noch nicht. Oder sie können es noch nicht.

Hinter die Masken schauen

Unsere Sehnsucht nach Liebe ist nicht immer leicht zu erkennen. Andere Sehnsüchte wie etwa Heimweh oder Fernweh sind da viel klarer. Sie sagen uns: »Hier will ich weg« oder »Da will ich hin«.

Wovon aber wollen wir weg oder wo wollen wir hin, wenn es um Liebe, Achtsamkeit und Mitgefühl geht? Das ist schwer zu sagen.

Viele Ziele, die wir verfolgen, haben auf den ersten Blick nichts mit unserer Sehnsucht nach Liebe zu tun. Und doch verbirgt sich hinter den meisten von ihnen letztlich unser Urbedürfnis nach Liebe, Anerkennung und Geborgenheit. Ein klarer »Blick hinter die Masken« kann uns davor bewahren, die falschen Ziele zu verfolgen und womöglich viele Jahre unseres Lebens mit Dingen zu verschwenden, die uns am Ende nur enttäuschen werden. Zu den Masken, hinter denen sich unser Bedürfnis nach Liebe gern versteckt, gehören zum Beispiel

- das Streben nach Macht und Einfluss,
- das Bedürfnis, Luxusgüter und Geld anzuhäufen,
- der Wunsch, fit, schön, jung und attraktiv zu sein,
- Perfektionszwang,
- das Streben nach beruflichen Erfolgen und einer steilen Karriere,
- das Ziel, Außergewöhnliches zu leisten oder berühmt zu werden.

Nun spricht natürlich nichts dagegen, in einem großen Haus zu wohnen, berühmt zu sein und ein schönes Segelboot zu haben. Es lohnt sich aber trotzdem, etwas genauer hinter den schillernden Vorhang zu schauen.

Wann immer es dir um dein Ansehen geht und darum, was andere von dir denken, solltest du dich fragen, ob du das, wonach du wirklich suchst, nicht ganz woanders finden wirst. Um geliebt zu werden, brauchst du keine Segeljacht.

Wenn die Sehnsucht nach Liebe zur Gefahr wird

Nach Macht, Berühmtheit oder Reichtum zu streben, gilt als normal. Viele Menschen verbringen unendlich viel Zeit damit, ihr Image zu pflegen; sie investieren ihr Geld und ihre Energie und bringen oft gewaltige Opfer, um ... ja, warum eigentlich? Dinge wie Macht, Schönheit oder Berühmtheit sind ja kein Selbstzweck. In ihnen steckt immer ein »um ...« Wir wollen reich, schön, jung oder einflussreich sein, *um* beachtet und bewundert zu werden, *um* anerkannt und wertgeschätzt zu werden, oder auf den Punkt gebracht: *um* geliebt zu werden.

Die Sehnsucht nach Liebe kann zur Falle werden. Wenn wir das Gefühl haben, nicht zu genügen, wenn wir uns unvollständig fühlen oder in einem emotionalen Mangelzustand sind, wächst unser Hunger nach Anerkennung. Und dann neigen wir dazu, uns von anderen abhängig zu machen. Wir sind ständig auf der Suche nach ein wenig Beachtung oder Lob. Das Dumme dabei ist, dass kein anderer Mensch uns je geben kann, was wir uns selbst nicht geben. Wenn wir das nicht erkennen, werden wir mit der Zeit immer abhängiger und fühlen uns immer leerer.

Liebe ist unsere Quelle

Wer seinen Hausschlüssel nachts auf dem dunklen Rasen verliert und ihn dann unter einer Laterne auf der anderen Straßenseite sucht, weil es dort heller ist, wird ihn nicht finden. Es hat sich bewährt, genau dort nach Schätzen zu suchen, wo sie vergraben sind. Und was die Liebe betrifft, so können wir sie nur an einem einzigen Ort finden – nicht im Luxus, schillernden Partys, vermeintlichen

Traumprinzen oder Fernreisen, sondern einzig mitten in unserem Herzen.

»Wer nicht den tiefen Sinn des Lebens im Herzen sucht,
der sucht vergebens.«
Friedrich von Bodenstedt

Liebe ist unsere Quelle. Liebe ist die Essenz des menschlichen Lebens. In jedem von uns verbirgt sich die Kraft der Güte und der selbstlosen Liebe. Jeder von uns kann sein Herz weit öffnen und erstrahlen lassen. Und weil das so ist, brauchen wir auch gar keine besonderen Anstrengungen zu unternehmen, um Liebe zu erfahren.

Die Liebe gehört uns bereits. Sie ist unser Geburtsrecht. Wir brauchen keine Heilmittel und keine spirituellen Meister, um sie zu finden. Wir müssen auf niemanden warten, uns keine besonderen Fähigkeiten aneignen und schon gar nicht auf Wunder hoffen. Liebe ist ein Geschenk, das wir nur annehmen müssen.

Die Quelle ist immer da. Liebe ist immer da. Die Praxis der liebevollen Achtsamkeit ermöglicht es uns lediglich, das auch wirklich in unserem täglichen Leben zu erfahren. Es braucht keine komplizierte Philosophie, um die Liebe zu verstehen. Niemand muss sich dazu zwingen, mitfühlender zu sein. Es reicht vollkommen, den Fokus ein wenig zu verschieben und den Blick zu weiten – und die Welt, die wir Tag für Tag erleben, wird eine andere sein.

Wie Mitgefühl dein Leben verwandelt

Schon ganz alltägliche Augenblicke können dich mit der Quelle der Liebe in dir verbinden. Das hast du sicher oft erlebt. Manchmal passiert es, wenn du ein süßes Hündchen streichelst, sich eine Katze in deinen Schoß schmiegt oder du ein Baby im Arm wiegst ... Oder erinnere dich einmal an eine Situation, in der du jemandem besonders nahe warst: vielleicht an eine Begegnung mit deinem Partner oder einer Freundin, bei der ihr euch stark miteinander verbunden fühltet. Oder an ein Gespräch mit einer Kollegin oder einem Bekannten, das ungewöhnlich offen und verständnisvoll war – das Eis brach und dir wurde ganz warm ums Herz. Jedes Mal, wenn Mitgefühl in dein Leben tritt, ist es tatsächlich ein bisschen so, als ob die Sonne in dir aufgehen würde.

Höre auf die Stimme der Sehnsucht in deinem Herzen. Sie weiß etwas, was du (noch) nicht weißt. Und dann mach dich auf den Weg, damit aus Sehnsucht irgendwann auch wirklich Erfüllung und Freude werden kann.

Der Weg zu einem großen, offenen Herzen ist der Weg des Mitgefühls und der Güte. Bist du bereit, die vielen kleinen Schritte zu tun, die nötig sind, um Mitgefühl in dir zu entwickeln? Oder überlegst du noch, was dir das eigentlich »bringen« soll?

Eigentlich ist es ja etwas verrückt, über den Nutzen der Liebe zu sprechen. Aber bleiben wir trotzdem ruhig mal bei dieser Frage. Die Antwort lautet, dass es dir wesentlich mehr bringt, dein Herz zu erwecken, als beispielsweise viel Geld zu verdienen, deine Muskeln zu trainieren, das Bad zu putzen oder den nächsten Sommerurlaub zu planen.

Nichts gegen eine gute Figur, ein geputztes Waschbecken oder zwei Wochen am Meer – aber wenn es um dein spirituelles Wachstum geht, sind diese Dinge nicht wirklich wertvoll. Und wenn dir darüber hinaus auch das Überleben unseres Planeten am Herzen liegt, sind sie es erst recht nicht. Tatsächlich hängt unser aller Zukunft wesentlich davon ab, inwiefern es uns gelingt, mitfühlender und liebevoller mit uns selbst, anderen Menschen und der Natur umzugehen, als dies bisher der Fall war.

Die Art und Weise, wie wir miteinander um- und aufeinander zugehen hat weitreichende Folgen: auf unsere Partnerschaft, unsere familiären Beziehungen, unsere Freundschaften, die Atmosphäre am Arbeitsplatz – ja letztlich auf die ganze Gesellschaft. Je unachtsamer und selbstsüchtiger Menschen denken und handeln, desto größere Konflikte entstehen und desto mehr gerät die Welt aus den Fugen. An Beispielen für die Folgen egoistischen Verhaltens mangelt es ja leider nicht, wie schon ein kurzer Blick in die Nachrichten zeigt.

»Alles, was ich weiß, ist, dass wir das Leben
ohne viel Güte nicht verstehen können,
und dass wir es auch nicht wirklich leben können
ohne viel Güte.«

Oscar Wilde

Die heilende Kraft der liebevollen Achtsamkeit

Achtsamkeit und Mitgefühl, das zeigen zahlreiche wissenschaftliche Studien, erzeugen in unserem Alltag eine ganze Palette an guten Gefühlen und positiven Zuständen. Menschen, die regelmäßig liebevolle Achtsamkeit praktizieren, empfinden überdurchschnittlich häufig Dankbarkeit, Lebensfreude und Zufriedenheit. Diese positiven Gefühle stärken unser Selbstbild, was wiederum erfüllendere Beziehungen ermöglicht.

Wenn du achtsam bist und dein Herz öffnest, wird es dir leichtfallen, dich selbst bedingungslos anzunehmen. Und sobald du dich selbst lieben kannst, fällt es dir leicht, anderen deine Liebe zu schenken. Und dann wird es auch ihnen leichtfallen, dich zu lieben.

Liebevolle Achtsamkeit ist die effektivste und wohl auch die einzige Möglichkeit, schwierige Beziehungen zu heilen – ob zu sich selbst, seinem Partner oder anderen Mitmenschen spielt dabei keine Rolle. Darüber hinaus hat es viele weitere heilsame Wirkungen, eine Haltung des Mitgefühls einzunehmen: Die Praxis der liebevollen Achtsamkeit

- befreit dich von Ängsten, Unsicherheit oder falschen Hemmungen und erleichtert es dir, mit anderen in Kontakt zu treten,
- ist das beste Heilmittel gegen Einsamkeit,
- hilft dir, verständnisvoller und geduldiger mit dir und anderen umzugehen,

- befreit dich von der Gewohnheit, auf bestimmte Situationen immer wieder mit Ärger, Wut oder Enttäuschung zu reagieren,
- löst Stress auf und schenkt dir mehr Leichtigkeit und Gelassenheit im Umgang mit anderen,
- stärkt deine Resilienz, also die Fähigkeit, Krisen und Rückschläge unbeschadet zu überwinden.

Hindernisse auf dem Weg des Herzens

Ein Musikinstrument oder eine neue Sprache zu lernen, ist nicht so leicht, außer wenn wir überdurchschnittlich begabt sind. Und es ist nun einmal nicht jeder Mensch musikalisch oder ein Sprachgenie. Was aber unsere Fähigkeit zu lieben betrifft, so sind wir alle hochbegabt. Ebenso wie Denken oder Fühlen gehört auch Lieben zur menschlichen »Grundausstattung«. Es gibt wohl niemanden, der vollkommen unfähig wäre, wenigstens in irgendeiner Weise Mitgefühl oder Zuneigung zu empfinden.

Wenn es dir sehr schwerfallen sollte, dein Herz zu öffnen oder du gar das Gefühl hast, dass die Quelle der Liebe in dir versiegt ist, hat das meist einen dieser drei Gründe:

1. **Angst**: Die Angst davor zu lieben ist wohl die häufigste Ursache für »Gefühlskälte« oder ein Leben in emotionaler Isolation. Ernüchternde Erfahrungen, Enttäuschungen, Verletzungen oder Zurückweisungen – sie alle führen dazu, dass wir uns (oft unbewusst und manchmal schon in unserer Kindheit) dafür entscheiden, unser Herz in Zukunft lieber fest verschlossen zu halten.
2. **Unbewusstheit**: Wenn wir unser eigenes Potenzial nicht erkennen, können wir uns auch nicht weiterentwickeln. Wenn

wir uns unserer nahezu unbegrenzten Möglichkeiten, Mitgefühl zu empfinden und intensive, nährende Verbindungen zu anderen herzustellen nicht bewusst sind, kann es passieren, dass wir unser Herz im Alltagstrubel einfach übersehen. Dann denken wir gar nicht daran, zu lieben. Und oft wird sich die Tür zu unserem Herzen erst dann wieder öffnen, wenn uns schmerzhafte Erfahrungen wie Verluste oder andere Krisen auf uns selbst zurückwerfen.

3. **Mangel an Mut**: Eine weitere Schwierigkeit liegt darin, dass wir uns nicht zuletzt auch *trauen* müssen, uns selbst und anderen gegenüber offen für Mitgefühl und Güte einzustehen.

In Kreisen, die wenig Wert auf Gefühle legen oder in denen der Wunsch nach mehr Offenheit und Verbundenheit gar als bedrohlich empfunden wird, fällt es natürlich schwer, über den Wert der Liebe zu sprechen. Sicher ist das auch nicht immer und überall passend. Es ist jedoch sehr wichtig, dass wir mit anderen über unser Bedürfnis nach Nähe und Mitgefühl reden – nicht immer und überall, aber regelmäßig und offen. Einerseits besteht dabei in bestimmten Gruppen und Situationen vielleicht die Gefahr, als abgehoben, weinerlich oder sentimental abgestempelt zu werden (insbesondere wenn Männer unter sich sind). Andererseits ist es aber gut möglich, dass andere Menschen innerlich genau dasselbe denken und fühlen wie wir. Und wenn wir Gleichgesinnte finden, dann können wir unseren Weg zu einem verständnisvolleren Miteinander gemeinsam weitergehen.

Noch vor wenigen Jahren hat es Menschen, die sich vegetarisch ernähren oder sich mit Meditation und Achtsamkeit beschäftigen, einige Überwindung gekostet, auch in Gesellschaft über ihre Erfahrungen zu sprechen. Heute muss sich niemand mehr schämen, weil er kein Fleisch isst oder regelmäßig meditiert – ganz im Gegenteil.

Es ist nur eine Frage der Zeit, bis auch der Wert von Mitgefühl und Verbundenheit gesellschaftsfähig sein wird – und zum Glück hat die Zeit längst begonnen, in der wir erkennen, dass unser Herz sehr viel mehr Beachtung verdient als bisher.

Liebe ist möglich ... wenn du es willst

Jeder von uns kann zu einem Liebenden werden. Auch Menschen, die bisher große Schwierigkeiten hatten, sich selbst oder anderen gegenüber offen zu sein und Zuneigung zu empfinden. Letztlich sind Mitgefühl, Sanftmut und Freundlichkeit ja nichts anderes als geistige Gewohnheiten. Ebenso wie Gelassenheit oder Dankbarkeit lässt sich daher auch Liebe »trainieren«. Durch regelmäßiges Üben können wir alte, einengende Muster durchbrechen und lernen, auf eine neue, liebevollere und offenere Art in dieser Welt zu leben und anderen die Hand zu reichen.

In den folgenden Kapiteln wirst du verschiedene Methoden kennenlernen, liebevolle Achtsamkeit zu entwickeln und sie als neue Gewohnheit fest in dir zu verankern. Einige davon sind altbewährte, traditionelle Meditationen, andere weniger bekannte Übungen beziehungsweise Achtsamkeitsexperimente. Sie alle tragen dazu bei, unser Denken, unsere Worte und Handlungen auf eine heilsame Weise zu verändern, sodass unser Geist klarer wird und unser Herz offener und gütiger.

Alle Übungen, die du in diesem Buch findest, sind Vorschläge und Wegweiser. Es sind Einladungen, dich zu zentrieren, dir selbst mehr Mitgefühl zu schenken und tief in die Magie der liebevollen Achtsamkeit einzutauchen. Du musst nicht alle Einladungen annehmen, und oft kannst du das vielleicht auch gar nicht, weil dir die Zeit fehlt. Wie also die richtigen »Einladungen« auswählen?

Am besten machst du das ähnlich wie am Buffet: Verschaffe dir erst einmal einen groben Überblick über das Angebot. Schaue dann genauer hin, was auf den einzelnen Platten serviert wird, und dann: Folge deiner Lust, höre auf deinen Bauch – oder noch besser auf dein Herz. Dein Herz weiß nämlich sehr gut, welche Übungen, Techniken oder Meditationen dir am besten dabei helfen werden, Mitgefühl zu entwickeln und glücklicher zu werden.

Der wichtigste Faktor, um neue Gewohnheiten anzunehmen und alte über Bord zu werfen, ist allerdings die *Absicht,* das überhaupt zu tun. Unsere Intention ist der springende Punkt – der Schlüssel, ohne den wir niemals neue Wege beschreiten könnten.

Mitfühlende Liebe und Güte zu entfalten ist nichts für Unentschlossene. Es erfordert Mut und innere Kraft, mehr Liebe in die Welt strahlen zu lassen und Tag für Tag Mitgefühl zu leben. Nur wenn wir auch wirklich dazu bereit sind, wird die Praxis der liebevollen Achtsamkeit reiche Früchte tragen.

Verschenke dein Herz

Dieses Buch ist eine Einladung, dich bewusst für den Weg der Liebe zu entscheiden. Wenn dir freundliche und lebendige Kontakte zu anderen Menschen wichtig sind, dann warte nicht ab, dass »etwas passiert«.

Auch wenn Liebe sich natürlich nicht herbeizaubern lässt, können wir doch für ideale Bedingungen sorgen. So wie ein Gärtner die Erde in den Beeten bearbeitet und düngt und die Pflanzen geduldig pflegt, können wir dafür sorgen, dass die Blume des Mitgefühls in unserem Herzen erblühen kann. Das Erste und Wichtigste ist dabei, die Verantwortung zu übernehmen. Und das heißt, dass wir aus dem *Bettlermodus* aussteigen müssen.

Bettler oder Königin?

Hättest du die Wahl, ein Bettler oder eine Königin zu sein, müsstest du sicher nicht lange überlegen. Wenn es um Mitgefühl geht, hinkt der »Bettler/Königin-Vergleich« natürlich ein wenig, denn Herrschende sind ja oft alles andere als liebevoll, während Bettler selten besonders egoistisch sind. Trotzdem: Im Gegensatz zum Bettler symbolisiert die Königin Fülle und Reichtum. Und das ist der entscheidende Punkt: Worauf wollen wir unseren Fokus richten – auf Mangel oder Fülle?

Gehen wir voller unerfüllter Bedürfnisse auf andere zu und *betteln* um Anerkennung, Wertschätzung und ein bisschen Liebe? Oder sind wir innerlich so reich, dass wir unsere Liebe großzügig verschenken können – unserem Partner, unseren Kindern, ja sogar jedem Menschen, der uns begegnet? Können wir also aus dem Vollen schöpfen oder lassen wir uns von unseren Ängsten und Nöten leiten?

Manche Menschen scheinen ständig im Bettlermodus unterwegs zu sein. Überall suchen sie nach Bestätigung und Zuneigung. Sie versuchen, sich beliebt zu machen, reden anderen nach dem Munde oder stellen ihre Leistungen oder ihr Wissen in den Vordergrund. Je nach Veranlagung werden sie in Gesellschaft zu Angebern, zu zwanghaften, aufdringlichen Helfern oder zu harmoniesüchtigen Fähnchen im Wind. Auch wenn wir wohl alle solche Menschen kennen dürften, sind das natürlich extreme Beispiele. Aber Hand aufs Herz: Wie ist das, wenn wir uns selbst einmal ganz genau beobachten? Wollen wir nicht auch manchmal wichtig sein, andere beeindrucken oder den schönen Schein wahren? Sehnen wir uns nicht eigentlich auch danach, beliebt zu sein?

Praxis: Den Bettler in uns entlarven

Dieses Gedankenexperiment unterstützt dich dabei, dir deiner Muster bewusst zu werden und achtsamer wahrzunehmen, in welchen Situationen und bei welchen Menschen der Bettler in dir auf die Bühne tritt. Es geht dabei aber nicht darum, dich selbst zu verurteilen! Wichtig ist nur, dass du dich besser kennenlernst und erkennst, dass du keine Liebe verschenken kannst, solange du selbst auf der Suche bist.

Setze oder lege dich einen Moment lang bequem hin und schließe die Augen. Und dann überlege einmal:

- Was tust du so alles, damit andere dich mögen? Was tust du, um gut anzukommen? Wann und wo suchst du nach Bestätigung und Beifall?
- Wirf einmal einen Blick auf deine Vergangenheit: In welchen Situationen hast du dich darum bemüht, dein Image aufzupolieren? Bei welchen Menschen war es dir besonders wichtig, deinen Status, deine Bildung, dein Aussehen oder deinen Charme herauszustellen?
- Kannst du erkennen, wann du schon einmal die Rolle des Bettlers oder der Bettlerin übernommen hast oder wann du sie immer noch übernimmst?
- Und zuletzt frage dich: Wer bestimmt überhaupt, ob du so, wie du bist, okay bist oder nicht? Gibt es irgendjemanden, der das entscheiden könnte, außer du selbst? Gibt es irgendjemanden, der dich zum Bettler machen kann, wenn nicht du selbst?

**Jeder von uns kann sein Herz verschenken,
jeder kann Mitgefühl und Liebe verströmen.
Doch dazu müssen wir uns von den Urteilen und
Meinungen befreien, die andere über uns haben –
oder besser gesagt: von denen wir glauben,
dass sie sie haben, denn genau wissen können
wir das ja nie …**

Jedes Mal, wenn es dir gelingt, dein Bewusstsein von Mangel auf Fülle, von »Bettler« auf »Königin« oder von Bekommen auf Geben umzuschalten, wirst du einige interessante Dinge beobachten können:

- Du wirst authentischer, wirst mehr du selbst sein.
- Du wirst selbstsicherer und souveräner.
- Du wirst dich in dir selbst wohler und entspannter fühlen.
- Es wird dir leichter fallen, anderen wirklich zuzuhören.
- Du wirst beobachten, wie die Menschen um dich herum plötzlich entspannter und offener werden und sich dir gegenüber aufmerksamer verhalten.

Großzügig sein

»Großzügigkeit ist das Wesen der Freundschaft.«

Oscar Wilde

Großzügigkeit ist eine Schwester wahrer Liebe. Wir können nicht mitfühlend sein, ohne zugleich auch großzügig zu sein. Jedes Mal, wenn wir anderen gegenüber großzügig sind, üben wir, über uns selbst hinauszuwachsen und unsere eigenen Interessen zurückzustellen. Großzügigkeit ist ein sehr wirkungsvolles Heilmittel gegen Habgier – aber auch gegen Angst. Gier und Ängste verleiten uns dazu, immer mehr festzuhalten, wohingegen Großzügigkeit uns dabei hilft loszulassen.

In vielen Religionen gelten Großzügigkeit und Edelmut als erstrebenswerte Tugenden. Buddha lehrte, dass Großzügigkeit eine äußerst wirksame Lebenspraxis ist, die nicht zuletzt auch uns selbst zugutekommt, da sie uns Zufriedenheit und Freude schenkt.

Wenn wir uns heute in der Gesellschaft umschauen, werden wir überall auf Anzeichen von Gier und Narzissmus treffen. Selbstsüchtiges Verhalten gilt als normal, ist aber bei Weitem nicht so harmlos, wie wir glauben. Abgesehen davon, dass kein Narzisst jemals wirklich glücklich werden kann, schadet Selbstsucht auch unserem Miteinander – ja letztlich sogar der ganzen Welt. Was wir heute mehr denn je brauchen, ist nicht Trennung, sondern Verbundenheit, ist nicht Gier, sondern Großzügigkeit.

»Kleinheit spaltet, Großzügigkeit verbindet.«
Emma Goldman

Großzügige Menschen fühlen sich nicht nur besser, sie sind auch beliebter als Egoisten. Falls dir die Habgiermentalität im Grunde schon längst zuwider ist, dann kannst du Großzügigkeit ganz gezielt kultivieren. Dabei hast du nichts zu verlieren, denn es geht ja nicht etwa darum, »spendabel« zu sein oder anderen finanziell unter die Arme zu greifen (obwohl das manchmal auch wichtig sein kann). Vielmehr geht es hier um Groß*herzigkeit,* um eine Haltung, die es dir ermöglicht, mit einem großen Herzen zu leben – die dir also hilft, aufzumachen statt zuzumachen.

Wie kannst du Großherzigkeit und Fürsorge üben und entwickeln? Da gibt es sicher viele unterschiedliche Möglichkeiten, aber zum Beispiel könntest du

- anderen etwas schenken, ohne eine Gegenleistung zu erwarten,
- ein wenig Zeit oder Energie investieren, um anderen zu helfen,
- über Fehler und Schwächen anderer großzügig hinwegsehen,
- anderen Menschen zuhören und ihre Sorgen mit ihnen teilen,
- mit ganzem Herzen präsent sein, statt anderen halbherzig und achtlos zu begegnen.

Da Großzügigkeit eine Frage der Übung ist, sollten wir mit kleinen Dingen beginnen und mit der Zeit versuchen, mehr und mehr zu geben. Kleine Schritte bringen uns meist am schnellsten voran. Auch ist es sehr hilfreich, wenn wir uns einmal unserer bisherigen Großzügigkeit bewusst werden. Jeder von uns hat Augenblicke erlebt, in denen er freundlich, zuvorkommend und großzügig mit anderen umgegangen ist. Dabei geht es gar nicht um besondere oder gar großartige Dinge. Es sind eher die kleinen freundlichen Gesten, die wir im Alltag – vielleicht sogar unbewusst – ausgesendet haben: als wir eine Verkäuferin oder den Busfahrer angelächelt haben; als wir jemandem, der es eilig hatte, den Vortritt an der Supermarktkasse gelassen oder uns auf eine andere Weise großzügig verhalten haben.

Keine Angst vor Mitgefühl

Liebevolle Achtsamkeit wirkt sich auf all unsere Beziehungen heilsam aus. Durch unser Mitgefühl können wir anderen eine große Hilfe sein, unser eigenes Herz heilen und die Voraussetzung schaffen, dass andere uns lieben können. Es gibt also nur positive Wirkungen und keinerlei unerwünschte Nebenwirkungen.

Warum fällt es uns dennoch so schwer, uns zu öffnen?

Ein häufiger, ja vielleicht sogar der häufigste Grund liegt darin, dass wir glauben, uns schützen zu müssen. Ob es unsere Eltern, Lehrer, »Freunde« oder Partner waren: Verletzungen durch andere Menschen, und erst recht durch unsere »große Liebe«, können tiefe Wunden hinterlassen. Diese schmerzhaften Erfahrungen führen leicht dazu, dass wir Entscheidungen treffen, die es uns unmöglich machen, unser Herz erneut zu öffnen. Dazu gehören beispielsweise Vorsätze wie:

- »Das wird mir nie wieder passieren!«
- »Ab jetzt mache ich mich unverwundbar!«
- »So schnell lasse ich niemanden mehr nah an mich ran!«

Enttäuschungen, Verletzungen und erst recht traumatische Erlebnisse führen oft dazu, dass wir uns in unser Schneckenhaus zurückziehen und mit »der Welt da draußen« so wenig wie möglich zu tun haben wollen. Oder wir reagieren auf frühere Zurückweisungen aggressiv. Statt uns frustriert zurückzuziehen versuchen wir dann, besser als andere zu sein, werden besonders ehrgeizig, möchten alles perfekt machen oder es den anderen mal so richtig zeigen.

Der Wunsch, uns zu schützen, wenn uns das Herz gebrochen wurde, ist nur zu verständlich – die Gefahr ist bloß, dass wir schließlich emotional verhungern werden, wenn wir uns nicht mehr auf die Liebe einlassen.

»Nahrungsverweigerung« kann nie die Lösung sein, ganz egal, ob es um Brot oder Liebe geht. Auch wenn wir noch so oft fallen – am Ende müssen wir doch wieder aufstehen, sofern wir nicht »verhungern« wollen. Wir können leidvolle Erfahrungen und Verletzungen im Leben nicht vermeiden. Und doch sollten wir uns trotz möglicher Enttäuschungen und Schmerzen immer wieder aufs Neue zu öffnen versuchen, auch wenn das ein besonders schwieriger Teil in der Übung des Mitgefühls ist.

Die Liebe selbst tut niemals weh. Solange wir lieben, sind wir im Jetzt – in einem Zustand der Präsenz, in dem unser Herz weit geöffnet ist.

Liebeskummer ist nicht Liebe. Wenn wir betrogen oder verlassen werden, wenn wir verlieren, was wir geliebt haben, oder uns Menschen getäuscht und enttäuscht haben, kann das sehr leidvoll sein. Doch sollten wir Liebe nicht mit Schmerz und dem Wunsch, etwas oder jemanden zu *haben*, verwechseln. Der Schmerz ist die Folge unserer Reaktion: Enttäuschung, Angst, Eifersucht, Depression – sie alle entstehen nicht etwa in unserem Herzen, sondern in unseren Gedanken, sobald wir über unsere Lage nachdenken oder grübeln.

Es gibt keinen Grund, vor der Liebe Angst zu haben – sofern wir Liebe nicht mit Eifersucht, Verliebtsein oder Begehren verwechseln. Wahre Liebe und Mitgefühl erschöpfen sich nicht. Und darum müssen wir auch nicht sparsam mit ihnen umgehen.

Die Güte, die von Herzen kommt, wächst schneller nach, als wir sie verschenken können. Liebevolle Achtsamkeit können wir immer und überall praktizieren – auch wenn wir verletzt wurden. Da ihre Quelle unversiegbar ist, müssen wir auch nicht wählerisch sein: Je mehr Menschen wir beschenken, desto besser.

Die Magie der liebevollen Achtsamkeit

Ohne Magie ist das Leben ganz schön langweilig. Auch wenn alles rund läuft und keine großen Probleme auftreten – ohne dieses gewisse Etwas, ohne den Zauber des Augenblicks erscheint doch vieles grau und leer.

Magie lässt sich schwer mit Worten beschreiben. Als Kinder leben wir noch in einer Welt voller Magie. Und auch als Erwachsene wissen wir im Grunde ganz genau, wie erfüllend magische Momente sind. Musik kann magische Wirkungen entfalten, Gemälde oder Bilder können magisch sein, ebenso das Licht, das an einem sonnigen Tag durch die Baumkronen auf den Waldboden fällt … Vor allem die Begegnung mit einem anderen Menschen hat manchmal etwas Magisches an sich; dann scheint es, als könnten wir die Magie im Herzen eines anderen nahezu mit Händen greifen.

Verliebte tauchen tief in eine magische Atmosphäre ein. Doch auch eine Mutter, die ihr Neugeborenes in den Armen wiegt, Freundinnen, die einander ihre Ängste anvertrauen, oder Paare, denen es gelingt, sich aus dem grauen Einerlei zu lösen und gemeinsam in den Zauber des Augenblicks einzutauchen, können oft hautnah spüren, was Magie ist.

Magie ist allgegenwärtig – sie ist immer höchstens einen Schritt weit von dir entfernt. Doch nur wenn du ganz wach und präsent bist, wenn du innehältst, dein Herz spürst und deine Sinne weit öffnest, wirst du mit ihr in Berührung kommen.

Die Haltung des Mitgefühls und der Zugewandtheit verändert unser Leben auf magische Weise. Das Wirken der Magie können wir gut beobachten, wenn wir beginnen, mitten im Alltag auf unscheinbare »kleine Wunder« zu achten. Dann werden wir zum Beispiel bemerken,

- dass wir umso glücklicher werden, je mitfühlender wir sind;
- dass wir auf einmal mehr Energie haben und uns auch körperlich besser fühlen;
- dass alle unsere Beziehungen auf unerklärliche Weise aufblühen, sodass es uns leichtfällt, andere zu unterstützen, aber auch Unterstützung von ihnen anzunehmen;
- dass jeder Plausch, jeder noch so unbedeutende Smalltalk unsere innere Verbundenheit mit anderen stärkt;
- dass Ängste, Sorgen, Ärger oder Unsicherheit wie weggeblasen sind, sobald uns buchstäblich warm ums Herz wird;
- dass andere Menschen sich uns mehr und mehr zuwenden;
- dass uns immer öfter fremde Menschen auf der Straße anlächeln oder sich uns gegenüber höflich und freundlich verhalten, ohne dass wir so recht verstehen, warum das passiert.

All das ist Magie. Von ihr sprechen wir immer dann, wenn Dinge passieren, für die wir keine Erklärung haben und die unseren Verstand vor ein Rätsel stellen. Magie können wir tatsächlich nur mit dem Herzen sehen. Oder um den viel zitierten Satz von Antoine de Saint-Exupéry zu bemühen: »Das Wesentliche ist für die Augen unsichtbar.«

Magie spricht,
wenn das Denken schweigt.

Magie ist keine Zauberei

Diese Überschrift ist ein Ausspruch von Marcus Vipsanius Agrippa, einem römischen Politiker und Vorfahren Neros. Agrippa hat schon vor über 2000 Jahren formuliert, was selbst heute noch weitgehend unbekannt ist: Jeder von uns kann zaubern – und das ganz ohne Zauberstab!

Magie ist eine geistige Kraft, die nichts mit Tarotkarten, Wünschelruten oder Engeln und Dämonen zu tun hat. Du kannst Magie an jedem Tag deines Lebens erfahren. Du kannst *zaubern*. Beispielsweise indem du

- Gleichgültigkeit in Interesse,
- Routine in Abenteuer,
- Angst in Mut,
- Distanz in Nähe oder
- Kälte in Wärme verwandelst.

Magie ist kein Zufall, sondern beruht auf klaren Regeln. Und diese Regeln hängen eng mit dem Gesetz der Anziehung zusammen. Indem wir die Fähigkeit entwickeln, unser Herz erstrahlen zu lassen, indem wir andere ermuntern und aufbauen und indem wir den

Menschen um uns herum helfen zu wachsen, wachsen wir selbst und entwickeln eine magische Ausstrahlung.

Säen und ernten – Das Geheimnis der Anziehung

»Wenn du geliebt werden willst, dann liebe« – dieser Satz ist nichts anderes als Ausdruck eines einfachen, allgemein gültigen Prinzips: Wir ernten, was wir säen. Um das zu verstehen, müssen wir weder Bauer noch Gärtner sein. Alles, was wir sagen oder tun, hat bestimmte Wirkungen. Das hat weder etwas mit Zufall noch mit Schicksal und auch nichts mit dem lieben Gott zu tun. Das Gesetz der Anziehung ist nichts Esoterisches oder besonders Spirituelles, sondern ganz einfach und klar: Wenn du jemanden anschreist und beschimpfst, wird er garantiert anders auf dich reagieren, als wenn du ihn anlächelst – wetten?

»Alles Karma«, das ist schnell dahingesagt. Dass wir in unserem Leben aber tatsächlich meist genau das bekommen, was wir ausstrahlen, ist schon nicht mehr so leicht zu erkennen. Der oft missinterpretierte Begriff »Karma« heißt wörtlich übersetzt eigentlich nur »Tun« oder »Wirken«. Gute Taten tragen gute Früchte. Schlechte Taten führen früher oder später zu leidvollen Erfahrungen (meist früher). Je mehr positives Karma wir bewirken, desto größer ist hingegen die Unterstützung, die wir in geistiger, emotionaler, aber auch materieller Hinsicht genießen werden.

Jede Ursache hat entsprechende Wirkungen, und alle Wesen sind in wechselseitiger Abhängigkeit miteinander verbunden. Der vietnamesische Mönch Thich Nhat Hanh hat den schönen Begriff »Interbeing« geprägt, um auszudrücken, dass alle Phänomene eng ineinander verwoben sind. Jeder von uns ist in ein unendlich komplexes Beziehungsnetz eingebettet. Durch die Praxis der liebevollen Achtsamkeit wird es uns im Laufe der Zeit gelingen, diese grenzenlose Verbundenheit und den Zusammenhang zwischen Säen und Ernten auch tatsächlich im Herzen zu erfahren.

**Unsere geistige Haltung bestimmt,
wen oder was wir anziehen.
Sein Herz zu verschenken bedeutet nichts anderes,
als Güte, Mitgefühl und Liebe zu säen. Mit jedem Akt
der Güte schreiben wir das Drehbuch unseres Lebens um.**

Natürlich schmeichelt es unserem Ego, wenn wir begehrt, bewundert und umschwärmt werden – beispielsweise weil wir attraktiv, reich oder berühmt sind oder weil unser »Marktwert« aus anderen Gründen hoch ist. Mit wahrer Liebe hat das Ganze allerdings nichts zu tun. Ein Wunschobjekt für andere zu sein, heißt nämlich noch lange nicht, dass andere Menschen uns deshalb auch lieben.

Wie oft werden die Schönen verlassen, sobald ihre Schönheit verblüht ist, wie oft die Reichen fallen gelassen, kaum dass sie bankrott sind? Und auch die größten Stars sind nur so lange interessant, wie ihre Berühmtheit währt.

Damit andere dir ihr Herz wirklich öffnen, musst du dich trauen, sie in dein Herz zu lassen – mutig und ohne jede Abwehrhaltung. Durch Geld, Macht, Jugend oder schöne Schuhe wird das nämlich nie gelingen. Erst wenn wir selbst zu Liebenden werden, werden wir finden, wonach wir uns wirklich sehnen.

Liebe zieht Liebe an.
Je mehr du zu geben bereit bist,
desto mehr wirst du empfangen.

Lieben lernen

Es gibt Menschen, denen es besonders leichtfällt, sich zu öffnen und anderen mitfühlend zu begegnen – Menschen, von denen man oft sagt, dass sie ein »großes Herz« haben. Andererseits gibt es auch viele, für die es aus verschiedenen Gründen alles andere als leicht ist, sich zu öffnen. Vielleicht erkennst du dich ja auch in einigen der folgenden Aussagen wieder:

- »Ich habe wenig Interesse an anderen Menschen.«
- »In meinen Beziehungen zu meinem Partner, meinen Kindern oder Freunden bleibe ich immer ein wenig auf Distanz.«
- »Ich bin ein rationaler Mensch. Mir fällt es eben schwer, Gefühle zum Ausdruck zu bringen.«
- »Ich habe wenige und schon gar keine wirklich engen Freunde.«
- »Ich begegne mir selbst eher kühl, distanziert und kritisch und bin oft unzufrieden mit mir.«

Ganz gleich, ob es dir nun leicht- oder schwerfällt, die Stimme deines Herzens zu hören und ihr zu folgen: Jeder von uns kann *lernen*, sich selbst und anderen seine Liebe zu schenken. Selbstlose Liebe ist eine Herzensqualität, und Qualitäten lassen sich entwickeln. Um das Ganze aber tatsächlich in die Praxis umsetzen zu können, sind drei Punkte wichtig:

1. **Sehen:** Du musst erkennen, wie wichtig es tatsächlich ist, mitfühlend mit dir und anderen umzugehen, und dass sich dadurch nicht nur deine Beziehungen verbessern werden, sondern dein ganzes Leben.
2. **Entscheiden:** Du musst eine Entscheidung treffen. Statt passiv abzuwarten, solltest du dich bewusst auf die Kraft der liebevollen Achtsamkeit ausrichten und einlassen.
3. **Tun:** Der dritte und entscheidende Schritt besteht dann darin, zu handeln.

In den folgenden Kapiteln werden wir dir viele Methoden zeigen, um »Liebe zu üben«. Aber ehrlich gesagt – eigentlich gibt es gar nicht wirklich so etwas wie eine Methode. Letztlich gibt es nur einen Weg, um lieben zu lernen: Du musst liebevoll handeln.

Studien zeigen, dass die neuronalen Verbindungen, die mit Mitgefühl und Güte zusammenhängen, umso stärker aktiviert werden, je häufiger wir Mitgefühl üben. Je öfter wir liebevoll handeln, desto leichter fällt es uns, Liebe und Mitgefühl als Teil unseres Wesens wiederzuerkennen und sie zu unserer inneren Grundhaltung zu machen.

Praxis: Mit Freundlichkeit beginnen

Um unsere natürliche Herzqualität zu wecken, brauchen wir keine ausgefeilten Methoden. Daher lässt sich Mitgefühl auch überall und jederzeit praktizieren – ob in den eigenen vier Wänden, im Büro, im Zug, beim Einkaufen oder im Urlaub. Dabei ist es gar nicht so wichtig, was wir tun, sondern *wie* wir es tun. Durch Freundlichkeit können wir in vielen Alltagssituationen mit ganzem Herzen dabei sein – zum Beispiel wenn wir

- ein paar freundliche Worte mit der Kassiererin an der Supermarktkasse wechseln,
- ein kleines Kind und seine Mutter an der Bushaltestelle anlächeln,
- jemandem die Tür aufhalten (ganz gleich ob wir ein Mann oder eine Frau sind und ganz gleich ob wir einer Frau oder einem Mann die Tür aufhalten),
- die Kochkünste des Gastgebers loben,
- Freunde, Kinder oder Verwandte umarmen, wenn wir sie begrüßen oder verabschieden,
- einem Autofahrer die Vorfahrt überlassen oder ihn in Ruhe aus einer Parklücke herausfahren lassen,
- mit anfassen, wenn ein Kinderwagen die Treppe hinuntergetragen werden muss,
- jemanden anrufen oder besuchen, der in einer schwierigen Phase steckt, und ihm oder ihr mitfühlend zuhören.

Sicher fallen dir noch andere Möglichkeiten ein.

Liebe macht glücklich

»Das Glück ist nur die Liebe; die Liebe ist das Glück.«

Adelbert von Chamisso

Es gibt nicht viele Dinge, die uns glücklich machen können – ganz sicher weder Zigaretten noch Pralinen, ganz bestimmt auch keine Fernsehserie, kein verlängertes Wochenende, keine Beförderung, ja nicht einmal eine heiße Affäre. Etwas Spaß, kurzfristige Befriedigung und ein paar berauschende Momente dürfen wir uns davon zwar durchaus erhoffen, aber um wirklich langfristig glücklich zu werden, brauchen wir schon etwas anderes.

Glücksforscher haben lange gesucht und letztlich Naheliegendes herausgefunden: Um unseren »Glücksmuskel« zu stärken und nachhaltig glücklich zu werden, ist es unter anderem hilfreich, kreativ zu sein, Neues zu lernen, seinen Körper zu pflegen, Yoga zu üben, sich bewusst zu ernähren oder sich von schlechten Gewohnheiten wie dem Rauchen zu befreien. Allerdings – und da sind sich Gehirnforscher, Psychologen und spirituelle Lehrer einig – gibt es einen besonders effektiven Weg zum Glück (der die anderen übrigens nicht ausschließt): Entwickle Mitgefühl und öffne dein Herz!

Wir können nicht lieben, ohne zugleich auch glücklich zu sein. Und wir können kein wirkliches Glück erfahren, wenn wir nicht auch zugleich Liebe im Herzen tragen.

Schöne Ziele, schlechte Ziele

Schon von Geburt an brauchen Babys sehr viel Liebe. Kinder, die ohne Liebe aufwachsen, die in frühen Jahren ignoriert oder vernachlässigt werden, erleiden seelische Verletzungen, die ihnen meist auch als Erwachsene noch schwer zu schaffen machen. Ohne Liebe werden wir krank, und unser Leben wird sinnlos und leer. Ob Kinder, Teenager, Erwachsene oder alte Menschen: Je mehr Liebe wir erfahren dürfen, desto glücklicher sind wir. Aber ist uns das eigentlich auch wirklich bewusst?

Da wir nicht ewig leben und nur begrenzt Zeit haben, um unsere Träume wahr werden zu lassen, sollten wir unsere Zeit und Energie in lohnenswerte Ziele investieren – aber welche sind das? Als man vor einigen Jahren junge Amerikaner zwischen achtzehn und fünfundzwanzig nach ihren Lebenszielen befragte, gaben über 80 Prozent an, dass eines ihrer höchsten Ziele darin besteht, reich zu werden. In der wohl größten Studie über das Glück, der »Harvard-Studie«, wurden Hunderte von Harvard-Absolventen über einen Zeitraum von fünfundsiebzig Jahren beobachtet. In regelmäßigen Abständen wurden sie nach ihren Träumen und Zielen befragt und zu ihren Erfahrungen und Lebensumständen interviewt; darüber hinaus wurden ihre Blutwerte regelmäßig kontrolliert, und sie wurden auf Herz und Nieren (und Gehirn) durchleuchtet.

Das Fazit: Weder Reichtum noch Berühmtheit oder besondere Erfolge machen dauerhaft glücklich, sondern *einzig und allein* Mitgefühl. Menschen mit guten sozialen Beziehungen sind durch die Bank glücklicher, zufriedener und sogar gesünder als andere. Während Einsamkeit uns körperlich und seelisch krank macht, haben Liebe und Mitgefühl durchweg positive Auswirkungen auf unsere emotionale Stabilität.

Durch die Fähigkeit, uns mit den mitfühlenden Teilen in uns selbst zu verbinden, schlagen wir zwei Fliegen mit einer Klappe: Wir fördern sowohl unser eigenes Glück als auch das all jener Menschen, denen wir begegnen.

Wo Liebe ist, ist keine Angst

Neurowissenschaftler bestätigen, dass Mitgefühl sich beflügelnd auf unser Gehirn auswirkt: Neuronale Netzwerke, die mit dem Auftreten positiver Gefühle zusammenhängen, werden durch Güte aktiviert. Wann immer wir Liebe geben oder empfangen, sondert unser Belohnungssystem im Gehirn Glückshormone ab – und das fühlt sich wirklich gut an. Im Gegensatz zu Menschen, die wütend oder verärgert sind, produzieren jene, die liebevoll und sanftmütig sind, keine Stresshormone, machen sich weniger Sorgen, haben mehr Vertrauen und weniger Ängste.

Energetisch gesehen ist Liebe das Gegenteil von Angst. Angst macht uns eng, schränkt unsere Wahrnehmungsfähigkeit ein und blockiert unsere Motivation und unser Handeln. Wer Angst hat, ist eingeschüchtert und macht sich klein. Im Gegensatz dazu öffnet Liebe unser Herz und unseren Geist; sie macht uns selbstbewusst und »groß«. Wer liebt, hat viel Raum. Und das merkt man sogar am Atem, denn in Angstsituationen atmen wir flach und schnell, während unser Atem im Zustand der Liebe tief, langsam und gleichmäßig ist.

Das Glück liegt in dir – suche es nicht bei anderen

»Es ist schon schwierig, das Glück in sich selbst zu finden; aber es ist vollkommen unmöglich, es woanders zu finden.«

Nicolas Chamfort

Die Tür zum Glück geht nach innen auf. Wenn wir also »rausgehen«, um unser Glück zu suchen, werden wir leider nicht sehr erfolgreich sein. Eine wichtige Herausforderung unserer Tage besteht darin, dass wir lernen, zu uns selbst zurückzukehren. Statt uns allzu sehr im Außen zu verlieren, sollten wir beginnen, uns wieder mehr in unserem Inneren zu finden.

Der einzige Mensch, der dich wirklich glücklich machen kann, bist du selbst. Nichts und niemand sonst ist für dein Glück verantwortlich. Es ist einfach nicht die Aufgabe eines anderen Menschen, dich glücklich zu »machen«. Nicht einmal dein Partner, deine Kinder oder engsten Freunde könnten dieses Wunder vollbringen.

Umgekehrt bist du aber auch nicht für das Glück anderer verantwortlich. Du kannst noch nicht einmal Menschen, die dir sehr nahe stehen, glücklich machen. Sicher – du kannst sie unterstützen, sie trösten, ihnen zuhören, Verständnis zeigen, rücksichtsvoll und mitfühlend sein (und das solltest du auch). Aber glücklich werden – das müssen sie dann schon selbst.

Es ist ganz einfach: Du musst niemanden glücklich machen, und niemand muss dich glücklich machen. Ganz ohne Hilfe von außen kannst du lieben. Und ganz ohne Hilfe von außen kannst du in dir selbst ruhen und vollkommen glücklich sein.

Weniger jammern, mehr lieben

Jammern ist die Kunst, sich ständig und wiederholt über Dinge zu beschweren, die wir ohnehin nicht ändern können. Jammern ist so ein bisschen wie »Grübeln mit Zuhörer«.

Damit wir uns nicht falsch verstehen: Natürlich gibt es unzählige Dinge, die ganz und gar nicht in Ordnung sind. Anlässe zum Jammern gibt es genug: Gesetze, Politiker, globale Entwicklungen, der Hund des Nachbarn, private Probleme ... Man könnte sich von morgens bis abends beschweren – jedoch: Es hilft nichts. Auch durch noch so viel Gejammer werden wir keine Lösung herbeiführen. Nicht nur unserem persönlichen Glück, sondern auch unseren Mitmenschen tun wir einen großen Gefallen, wenn wir aufhören uns zu beschweren und stattdessen aktiv handeln – oder aktiv und bewusst loslassen.

Durch Achtsamkeit, Gelassenheit und vor allem durch ein liebevolles Herz können wir wirklich etwas verändern. Bis sich das in unseren Beziehungen widerspiegelt, kann es manchmal etwas dauern. Doch in unserem Gehirn (und somit auch in unseren Gefühlen) zeigt sich das sehr rasch. Neurowissenschaftler konnten zeigen, dass sich unser Gehirn schnell neu vernetzt, sobald wir unsere gedanklichen Gewohnheiten verändern. Sogar wenn sich geistige Gewohnheiten über Jahrzehnte verfestigt haben, können wir die Richtung unserer Gedanken und Gefühle immer noch jederzeit verändern. So deprimierend es ist, sich ständig das Negative der Welt vor Augen zu führen und düstere Gedanken zu hegen, so befreiend und beglückend ist es auf der anderen Seite, Belastendes loszulassen und auf eine liebevolle, zugewandte Weise achtsam zu sein.

Immer wenn wir also die Wahl zwischen lieben und jammern haben (und die haben wir sehr oft), sollten wir uns für Lieben entscheiden. Selbst wenn alles um uns zusammenbricht, wir unseren Job verlieren, unser Partner uns verlässt oder wir krank werden – eine Sache gibt es doch immer noch, die wir tun können und bei der wir allein die Fäden in der Hand haben: lieben! Wir können uns jederzeit für andere öffnen. Und in schwierigen Phasen oder Krisen ist es sogar besonders heilsam, den Fokus von uns selbst auf unsere Mitmenschen zu verlagern.

Mitfreude als Weg zum Du

»Und lernen wir besser, uns zu freuen, so verlernen wir am besten, anderen wehe zu tun und Wehes auszudenken.«

Friedrich Nietzsche

Ebenso wie das Glück, so ist auch die Freude eng mit der Liebe verwandt. Wenn wir lieben, freuen wir uns auch, und im Augenblick der Freude öffnet sich ganz automatisch unser Herz. Eine besondere Stellung nimmt dabei die *Mitfreude* ein, die wir als Weg nutzen können, um Sanftmut und Herzlichkeit in uns wachsen zu lassen.

Mitfreude heißt, dass wir uns für andere und mit ihnen an ihrem Glück erfreuen. Im Buddhismus werden vier Formen der selbstlosen Liebe unterschieden – die Brahmaviharas oder die »vier himmlischen Verweilzustände«. Diese himmlischen Zustände schenken uns Frieden und Klarheit. Neben der *liebenden Güte,* dem *Mitgefühl* und dem *Gleichmut* gehört auch die *Mitfreude* zu diesen vier elementaren Herzensqualitäten.

In unserer Kultur ist »Mitfreude« kein sehr bekanntes Wort. Sehr viel eher kennen wir das Gegenteil, nämlich den Begriff

»Neid«. Neid gönnt anderen weder Erfolg noch Glück; Mitfreude hingegen sagt: »Toll, dass es dir so gut geht. Super, dass du das geschafft hast. Ich freue mich so für dich!«

Neid erwächst aus Angst und ist Gift für die Seele. Hingegen schenkt Mitfreude sowohl uns selbst als auch dem anderen ein Gefühl von Wärme und stärkt unsere gegenseitige Verbundenheit.

Wenn es um unsere Kinder oder andere nahestehende Menschen geht, gelingt es uns meist noch recht gut, uns an ihren Erfolgen und Glücksmomenten mitzufreuen. Doch wie sieht das bei Menschen aus, die wir nicht kennen, oder gar bei solchen, die wir nicht besonders gut ausstehen können? Hier fällt Mitfreude sehr viel schwerer, nicht wahr? Und doch sollten wir nicht wählerisch sein, denn je öfter wir uns mit anderen freuen, desto zufriedener und erfüllter werden wir selbst. Immer wenn andere tiefe Freude empfinden, können wir einfach »mitmachen« – wir können uns an ihrer Freude erfreuen und uns von ihrem Glück beglücken lassen.

Die Praxis des liebevollen Schenkens

Jemand anderem eine Freude zu bereiten, indem wir ihm ein Geschenk machen, das von Herzen kommt, ist eine wunderbare Möglichkeit, Mitfreude zu üben. Obwohl es ja eigentlich schön ist, andere zu beschenken, kann Schenken allerdings auch zur Belastung werden. Wir wissen ja alle, wie es sich anfühlt, kurz vor Weihnachten durch überfüllte Geschäfte auf der Jagd nach einem

Geschenk zu sein, ohne auch nur zu ahnen, was wir denn überhaupt suchen.

Wer jemandem eine Freude macht, macht sie letztlich auch sich selbst. Denn so, wie geteiltes Leid halbes Leid ist, ist geteilte Freude doppelte Freude.

Schenken aus Pflichtgefühl (»Ich kann doch nicht ohne Blumen kommen«), schlechtem Gewissen (»Ich muss das wiedergutmachen«) oder reiner Gewohnheit (»Schon wieder Weihnachten!«) hat natürlich weder etwas mit Achtsamkeit noch mit Zuneigung zu tun. Andererseits können wir Schenken durchaus auch als Weg zu mehr Nähe und Wärme nutzen, sofern wir nur in der rechten Absicht handeln.

»Das wahre Geschenk besteht nicht darin, was geschenkt oder getan wird, sondern in der Absicht des Schenkenden oder Handelnden.«

Lucius Annaeus Seneca

In der rechten Absicht zu schenken heißt, dass wir beim Verschenken achtsam und selbstlos sind. Was bedeutet das?

- Schenken sollte nie zum Tauschhandel werden. Wenn du andere beschenkst, dann beobachte genau, ob du dabei insgeheim eine Gegenleistung erwartest. Lass deine Erwartungen los, und versuche, deine Zuneigung an keinerlei Bedingungen zu knüpfen.

- Nutze Geschenke nicht als Belohnung. Gerade Eltern machen ihren Kindern gern einmal Geschenke, um sie dazu zu bringen, »artig« zu sein. Firmen beschenken ihre Mitarbeiter, um deren Motivation zu fördern. Geschenke werden oft gemacht, um andere zu manipulieren. Manipulation hat mit Liebe jedoch nichts zu tun.
- Schenke in der Absicht, deine Verbundenheit und Zuneigung zum Ausdruck zu bringen. Nur so kannst du wirklich aus ganzem Herzen und mit einem inneren Lächeln schenken.
- Verschenke ab und zu mal kleine Dinge an Fremde. Dieses Alltagsexperiment führt oft zu sehr schönen Reaktionen. Beispielsweise kannst du ein paar Postkarten mit einem inspirierenden Spruch besorgen (beispielsweise »Wenn du geliebt werden willst, dann liebe«) und sie mit einem Lächeln an ein paar Leute auf der Straße, im Bus oder im Park verteilen. Einfach so.
- Verschenke deine Aufmerksamkeit. Die eigene Präsenz ist ein schönes Präsent. Wahrscheinlich sogar das wertvollste, das du jemandem machen kannst. Jeder Mensch freut sich und fühlt sich innerlich angenommen, wenn du ihm mit deiner ganzen Aufmerksamkeit begegnest, statt abgelenkt, mit halbem Herzen und mit nur einem Ohr bei der Sache zu sein.

»Es muss von Herzen kommen,
was auf Herzen wirken soll.«
Johann Wolfgang von Goethe

Wovon wir sprechen, wenn wir von »Liebe« sprechen

»Unglücklich ist, wer nicht weiß, was lieben heißt.«

TERESA VON AVILA

Das Wort ist nicht das Ding. Das Wort »Baum« ist nicht der wirkliche Baum; aber immerhin wissen wir doch so ungefähr, was gemeint ist, wenn jemand »Baum« sagt. Beim Begriff »Liebe« kann es da schon sehr viel leichter zu Missverständnissen kommen, denn »Liebe« ist ein Wort, dass sehr unterschiedlich verwendet wird.

Liebe können wir nicht beschreiben – wir können sie nur in unserem Innersten fühlen. Und das Gefühl der Liebe in unserem Herzen hat nicht so sehr viel mit dem zu tun, was wir in Worten ausdrücken können. Was heißt das überhaupt – jemanden »lieben«?

In manchen Sprachen ist das klarer, denn da gibt es viele Ausdrücke für Liebe, so beispielsweise im Sanskrit. Hier werden unterschiedliche Worte benutzt, um die Liebe zu einem Partner, zu einem Freund, zu Kindern oder zur Natur zu beschreiben. Natürlich gibt es auch bei uns verschiedene Begriffe hierzu wie etwa »Güte«, »Mitgefühl« oder »Sanftmut« oder auch »Leidenschaft«, »Romantik«, »Begehren«, »Bewunderung« – einige davon haben mit echter Liebe allerdings nicht viel zu tun.

Wir »lieben« unser Auto. Wie »lieben« Spaghetti Bolognese, Urlaub auf Gran Canaria, die Beatles oder unsere Heimat. Doch verwechseln wir »lieben« dabei nicht vielleicht mit »genießen« oder unserem Wunsch, Dinge an uns zu ziehen, die uns angenehm sind?

Besonders oft wird Liebe ja mit dem Bedürfnis, Menschen festzuhalten oder zu kontrollieren, verwechselt. Solange unsere Liebe jedoch eigennützig und auf den eigenen Vorteil bedacht ist, werden wir die Magie der liebevollen Achtsamkeit nie erfahren können.

Wahre Liebe lässt frei. Die Güte, die von Herzen kommt, will nicht besitzen. Selbstlose Liebe und Herzenswärme haben weder mit unseren Hormonen noch mit unseren Erwartungen zu tun – vielmehr erwachsen sie aus Achtsamkeit, Zuwendung und Akzeptanz.

Was wehtut, ist keine Liebe

Wenn wir in diesem Buch von Liebe sprechen, so meinen wir auch tatsächlich Liebe. Wir meinen nicht Wünschen, Begehren, Hoffen, Bangen oder Träumen. Und auch nicht Tauschen.

Es gibt einen einfachen Schnelltest, um herauszufinden, ob das, was du empfindest, wirklich Liebe ist oder vielleicht doch etwas ganz anderes: Spüre in dich hinein … Wenn es dich verletzt, ist es keine Liebe. Wenn es dich traurig, rastlos oder ärgerlich macht, wenn es sich leer und unbefriedigend anfühlt, dann lass es los – es hat nichts mit Liebe zu tun. Was du festhältst, wird nur Leiden bewirken. Gütig zu sein, mitfühlend zu sein, achtsam und liebevoll zu sein tut niemals weh, da wir dabei nichts festhalten.

Wenn du geliebt werden willst, dann liebe ... aber richtig – ohne Wunschzettel, ohne Sicherheitsnetz, furchtlos und aus ganzem Herzen. Ist deine Liebe unabhängig von äußeren Einflüssen, dann wird sie weder zerbrechen noch vergehen.

Sechs Irrtümer über die Liebe

»Die Forderung, geliebt zu werden, ist die größte der Anmaßungen.«
FRIEDRICH NIETZSCHE

Um herauszufinden, was Liebe eigentlich wirklich ist, ist es ganz hilfreich, sich einmal anzusehen, was sie *nicht* ist:

1. **Liebe ist nicht verliebt sein:** Mit der rosaroten Brille auf der Nase erscheint die Welt aufregend und bunt. Wer verliebt ist, ist im Glücksrausch, was sich natürlich prima anfühlt. Doch früher oder später – und meistens leider eher früher – beruhigen sich die Hormone wieder. Dann bekommt die rosa Brille Sprünge, und der schöne Traum zerplatzt wie eine Seifenblase.
2. **Erwartungen haben nichts mit Liebe zu tun:** Wenn wir erwarten, dass andere Menschen sich in einer bestimmten Weise verhalten und tun oder gar fühlen sollen, was wir von ihnen wollen, folgen wir nur unserer Angst und unserem Bedürfnis nach Sicherheit. Liebevolle Achtsamkeit ist frei von Erwartungen. Sie verschenkt sich, ohne nach Gegenleistungen zu fragen.
3. **Romantik ist nicht dasselbe wie Liebe:** Candle-Light-Dinner, Sonnenuntergänge am Strand, Brautkleider und Hochzeits-

torten sind eine wunderbare Sache, sollten aber nicht mit wahrer Liebe verwechselt werden. Das Leben ist kein Hollywood-Film. Es ist viel bunter und erfüllender – jedenfalls dann, wenn wir mit wachem Geist und offenem Herzen leben.

4. **Liebe ist nicht Erotik:** Erotische Abenteuer sind der Stoff, aus dem viele Liebesfilme und -romane sind, doch Mitgefühl und Herzenswärme haben nichts mit Erotik zu tun. Was jedoch nicht heißt, dass achtsame und liebevolle Menschen schlechten Sex hätten – ganz im Gegenteil …
5. **Liebe ist nicht davon abhängig, ob wir »Glück in der Liebe« haben:** Den Satz »Ich hab einfach kein Glück in der Liebe« bekommt man ja recht oft zu hören. Aber um anderen Menschen unser Herz zu öffnen und mit ihnen zu fühlen, brauchen wir kein Glück – dazu müssen wir nur unseren Fokus verschieben. Wenn wir uns erst einmal ganz von dem Wunsch lösen, geliebt zu werden, und stattdessen beginnen, selbst aktiv zu lieben, wird sich das »Glück in der Liebe« auf wundersame Weise ohnehin ganz von selbst einstellen.
6. **Liebe ist kein Zielzustand:** Liebe ist ein Prozess – sie ist wie ein Fluss, der dauernd in Bewegung bleibt und weiterfließt. Die Erfüllung wartet nicht erst irgendwo in der Zukunft auf uns – wir können liebevolle Achtsamkeit in jedem Augenblick neu erfahren. Liebe ist jetzt.

Grenzen wahren

Manche Menschen – oft sind es Frauen – verbringen viel zu viel kostbare Zeit damit, sich für andere aufzuopfern. Für andere tun sie alles, für sich selbst nichts. Das kommt leider gar nicht so selten vor, und darum ist es wichtig zu verstehen, dass liebevolle Achtsamkeit nur dann möglich ist, wenn wir unsere eigenen Grenzen erkennen und bewahren.

Zu lieben heißt nicht, zum Spielball für andere zu werden oder sich selbst aufzugeben. Jeder Mensch hat Grenzen, aber nicht jeder kennt sie auch. Damit wir unsere Grenzen verteidigen können, brauchen wir Selbstmitgefühl. Verständnis und Mitgefühl uns selbst gegenüber schützen uns davor, dass wir uns in übersteigerter, ungesunder Weise um andere kümmern oder gar in Co-Abhängigkeit verfallen.

Begegne anderen mit Respekt, und schenke ihnen deine Aufmerksamkeit, doch verliere dabei nie dich selbst aus den Augen.
Liebe, aber gib dich dabei nicht auf.
Auch du bist wertvoll.
Handle aus der Freiheit heraus, nicht aus der Abhängigkeit.

Wenn wir unsere eigenen Bedürfnisse ständig überhören, kann der »Dienst am Nächsten« schnell in ein Burn-out führen. Nicht umsonst sind Menschen, die in sozialen und insbesondere pflegenden Berufen unentwegt für die Bedürfnisse anderer sorgen, ständig in »emotionaler Gefahr«. Fehlende Achtsamkeit sich selbst gegenüber führt dazu, dass wir es leider erst viel zu spät bemerken, wenn wir überfordert sind. Haben wir dann erst einmal mit Erschöpfung oder Depressionen zu kämpfen, ist am Ende keinem geholfen.

Praxis: Die eigenen Grenzen erkennen und wahren

Hast du gelegentlich das Gefühl, dass du dich zu sehr um andere und zu wenig um dich selbst kümmerst? Wenn die Nähe zu anderen Menschen belastend für dich ist, was übrigens zeitweise vollkommen normal ist, dann solltest du das auch in dem Augenblick bemerken.

- Schreibe dir kurz ein oder zwei Situationen auf, in denen du dich unwohl, bedrängt oder gestresst gefühlt hast, während oder nachdem du Zeit mit jemandem verbracht hast.
- Welche Gefühle sind dabei aufgetaucht? Hast du dich vielleicht traurig, verzweifelt oder leer gefühlt, oder bist du im Gegenteil ärgerlich, nervös oder aggressiv geworden? Gefühle sind Boten, die wir ernst nehmen sollten, da sie uns etwas Wichtiges zu sagen haben.
- Bei welchen Menschen fällt es dir schwer, dich abzugrenzen? Gibt es »Energievampire« in deiner Umgebung – Leute, die deine Energie und Freude aufsaugen?
- Was muss sich ändern? Brauchst du vielleicht mehr Raum für dich selbst, um dich zurückziehen zu können? Dann solltest du das auch freundlich, aber klar äußern. Vielleicht kannst du auch »mittendrin« mehr auf dich selbst achten und innerlich gesammelt bleiben – also genau dann, wenn du das nächste Mal kleine oder große »Blutsauger« triffst. Sich innerlich abzugrenzen ist schwieriger, aber langfristig wirkungsvoller, als jedes Mal die Flucht zu ergreifen, wenn sich Vampire nähern.

Praxis: Die Grenzen anderer achten

Ebenso wie wir haben natürlich auch andere Menschen ihre Grenzen. Nicht jeder kann mit Nähe umgehen, und für den einen oder anderen kann unsere Offenheit vielleicht belastend sein. Die Hand eines Menschen zu halten, der in Not ist, ist daher nicht immer angemessen. Und andere mit gut gemeinten Ratschlägen zu bombardieren schon gleich gar nicht.

Wie können wir erkennen, wie viel Raum unser Gegenüber braucht? Einfach indem wir sehr genau beobachten: Wie verhält er sich, wenn ihm unsere Nähe oder Offenheit zu viel wird? Was sagt er – mit Worten oder durch seine Körpersprache? Hier brauchen wir viel Achtsamkeit und Einfühlungsvermögen. Und im Zweifelsfall hilft nur eines: einfach mal nachfragen, wie sich der andere fühlt.

Liebe, die besitzen will, Nähe, die sich aufdrängt, oder der Drang, andere zu umsorgen – sie alle können leicht dazu führen, dass es manch einem zu viel wird. Dies ist aber zugleich auch ein Test für uns: Wenn wir nämlich wirklich liebevoll und achtsam sind, müssen wir uns über das Thema Grenzen gar keine Gedanken machen. Liebevolle Achtsamkeit ist nie übergriffig.

Achtsam und liebevoll zu sein ist immer angemessen. Die Güte, die von Herzen kommt, ist eine innere Haltung der Offenheit und Akzeptanz. Sie verlangt nichts von anderen und drängt sich nicht auf. Sie ist heiter und gelassen. Wenn wir mit anderen mitfühlen und sie ganz so sein lassen, wie sie sind, werden wir daher niemals Grenzen übertreten.

Ein paar Irrtümer über das Mitgefühl

Neben den Irrtümern über die Liebe gibt es auch einige über das Mitgefühl. Und da sie leider recht verbreitet sind, wollen wir hier kurz auf die wichtigsten hinweisen:

- Mitgefühl ist keine Schwäche. Im Gegenteil: Mitgefühl und selbstlose Liebe zu praktizieren erfordert Kraft, Mut und innere Freiheit.
- Mitfühlend zu sein bedeutet nicht, sich ausnutzen zu lassen. Wir sollten Mitgefühl nie mit Unterwürfigkeit oder Abhängigkeit verwechseln.
- Mitgefühl ist nicht Sentimentalität. Wer wirklich mitfühlend ist, braucht einen klaren Geist und ein offenes Herz. Sich in romantische, sehnsüchtige Gefühle hineinzusteigern und in eine Traumwelt zu fliehen ist kein Weg, der zu mehr Güte oder Mitgefühl führt.

Mitgefühl darf auch nicht mit Mitleid verwechselt werden: Wer Mitleid hat, lässt sich vom Leiden anderer Menschen anstecken. Er empfindet selbst Leid, und das erschwert es ihm, sich zu öffnen und Lösungen zu finden. Mitleid erzeugt empathischen Stress. Es ist ein anderes neuronales System aktiv als beim Mitgefühl, die negativen Gefühle überwiegen.

Wer lediglich Mitleid mit anderen hat, schaut leicht auf sie herab oder wird sentimental. Er sagt »Ach, die Armen, die tun mir ja so leid«, um sich bei der nächsten Gelegenheit wieder abzuwenden und in den sicheren Hafen seines Alltags zurückzukehren oder aber im ständigen Dauerstress zu leben.

Mitleid führt nicht zu geteiltem, sondern vielmehr zu doppeltem Leid: Da, wo vorher nur einer gelitten hat, sind es jetzt zwei. Indem wir mit anderen mitleiden, helfen wir ihnen nicht – im Gegenteil. Oft betonen Menschen, denen es schlecht geht, daher ja auch, dass sie auf das Mitleid anderer gut und gern verzichten können. Mitleid ist eine automatische Reaktion, keine bewusste Haltung. Und nicht zuletzt führt Mitleid leicht zu Pessimismus, Trauer und Hoffnungslosigkeit.

Wer hingegen mitfühlend ist, kann die Gefühle anderer Menschen gut nachempfinden und sich innerlich mit ihnen verbinden. Mitgefühl hilft uns, uns aktiv in andere hineinzuversetzen und Verständnis zu entwickeln, ohne dabei Angst, Wut oder Verzweiflung zu empfinden.

Mitgefühl verbindet uns sowohl mit anderen als auch mit uns selbst. Indem wir mit Menschen mitfühlen, die traurig, ängstlich, enttäuscht und einsam oder aber auch verliebt, begeistert oder glücklich sind, werden wir uns wieder der ganzen Bandbreite positiver und negativer Erfahrungen bewusst, die auch unser eigenes Leben ausmachen. Zudem ermöglicht Mitgefühl es uns aber auch, zu erkennen, wo Veränderungen nötig und möglich sind.

Mitgefühl ist eine Einladung, aktiv zu werden,
und ein Weg, Leiden zu verringern.

Wenn du geliebt werden willst, dann liebe … dich selbst

»Wer mit sich selbst in Frieden leben will, der muss lernen, sich anzunehmen, wie er ist.«

Selma Lagerlöf

Wer nicht schwimmen kann, sollte sich besser nicht als Rettungsschwimmer bewerben. Einem Ertrinkenden ist ein weiterer Ertrinkender keine große Hilfe.

Wenn wir uns selbst nicht lieben, wie sollen wir da erst andere lieben? Und außerdem: Warum sollten andere *uns* lieben, wenn wir das nicht einmal selbst schaffen? Solange wir uns selbst nicht annehmen und innerlich umarmen können, werden wir auch andere Menschen nicht anziehen – oder aber die falschen: Energievampire, Ausbeuter oder Leute mit Helfersyndrom. Und jedes Mal, wenn wir uns selbst im Weg stehen, werden wir das leider auch ausstrahlen. Jeder, der uns begegnet, wird das sofort spüren.

Wenn du geliebt werden willst,
dann besteht der erste und wichtigste Schritt darin,
dass du anfängst, dich selbst zu lieben. Sorge gut für dich.
Nimm deine Bedürfnisse ernst.

Das hat nichts mit Egoismus zu tun, sondern verbindet dich mit der Quelle, aus der allein du Mitgefühl für andere schöpfen kannst: mit dir selbst.

Selbstliebe ermöglicht es uns, uns nicht nur mit unserem eigenen Herzen, sondern auch mit den Herzen anderer Menschen zu verbinden. Wie wir aber alle wissen, kann es ganz schön schwer sein, sich selbst zu lieben. Ständig flüstert uns da eine kritische innere Stimme ins Ohr, dass wir weder gut genug noch liebenswert seien. Dieser Innere Kritiker erzeugt eine Menge negativer Gefühle und nagt an unserem Selbstbewusstsein. Umso wichtiger, dass wir ihm etwas entgegensetzen, da wir sonst Gefahr laufen, sein Geplapper irgendwann mit der Wirklichkeit zu verwechseln.

Statt unseren Inneren Kritiker jedoch zu unterdrücken (was ohnehin nicht funktioniert), können wir lernen, seine belastenden und beleidigenden Aussagen achtsam wahrzunehmen und sie als das zu erkennen, was sie sind: flüchtige Gedanken, die kommen und gehen, ohne dass sie uns allzu sehr beunruhigen sollten. Vor allem aber sollten wir begreifen, dass unser Innerer Kritiker eine gute Absicht hat. Er will uns vor Schaden bewahren – er stellt es nur leider oft dumm an.

Durch liebevolle Achtsamkeit (auch unserem Inneren Kritiker gegenüber) entwickeln wir Zuwendung und Akzeptanz – sowohl in Bezug auf andere als auch auf uns selbst. Liebevolle Achtsamkeit ist ein einfacher Weg, um Mitgefühl und Selbstmitgefühl zur Blüte zu bringen.

Warum wir mehr Selbstmitgefühl brauchen

»Um Geduld mit anderen zu haben und liebevoll mit ihnen umzugehen, tut man gut daran, erst einmal seinen eigenen Fehlern gegenüber geduldig zu sein.«

VALENTIN KIRSCHGRUBER

Ein Mann, der sich selbst nicht liebt, wird auch seiner Partnerin niemals wirklich liebevoll begegnen können. Eine Mutter, die immerzu ihre eigenen Mängel und Fehler vor Augen hat, wird unbewusst auch bei ihren Kindern ständig nach Fehlern und Schwächen suchen. Menschen, denen es unmöglich ist, sich selbst ein inneres Lächeln zu schenken, können auch andere nicht aus ganzem Herzen anlächeln. Und daraus entstehen endlose Probleme.

Da belastende Beziehungen eine nie versiegende Quelle für Unzufriedenheit, Konflikte und Leiden sind, sollten wir uns um gesunde, liebevolle Kontakte bemühen. Selbstmitgefühl ist der Schlüssel zu harmonischen Beziehungen.

Durch Selbstmitgefühl können wir schädliche Beziehungsmuster auflösen. Nur wenn wir damit aufhören, uns ständig schlecht zu machen, uns zu bewerten und zu verurteilen, werden wir auch aufhören, uns wie Ertrinkende an andere zu klammern oder Schuld bei ihnen zu suchen. Sobald wir tolerant und mitfühlend mit uns selbst umzugehen lernen,

- können wir klare und weise Entscheidungen treffen,
- werden wir uns besser um unsere wirklichen Bedürfnisse kümmern und auf unseren Körper hören,
- können wir schädigende Gewohnheiten dauerhaft ablegen,
- fällt es uns leichter, Gedanken und Gefühle loszulassen, die uns deprimieren, beängstigen oder beunruhigen,
- lernen wir, uns selbst und unsere Beweggründe besser zu verstehen,
- werden wir uns in uns selbst geborgen und gut aufgehoben fühlen,
- können wir unabhängiger, freier und mit mehr Leichtigkeit leben.

»Wer aber leicht werden will wie ein Vogel,
der muss sich selber lieben.«
FRIEDRICH NIETZSCHE

Selbstmitgefühl? Was ist das überhaupt?

Wie der Name ja schon sagt, ist Selbstmitgefühl nichts anderes als *Mitgefühl,* bei dem wir den Fokus *auf uns selbst* richten. Mitgefühl und Selbstmitgefühl unterscheiden sich also nur, was ihre Richtung betrifft. Im Grunde gehen sie beide fließend ineinander über – ohne das eine ist auch das andere nicht möglich.

Selbstmitgefühl oder Selfcompassion ist die Fähigkeit, freundlich mit sich selbst umzugehen und verständnisvoll mit seinen eigenen Schwierigkeiten mitzufühlen. Manchmal wird Selbstmitgefühl auch als »Selbstliebe« bezeichnet. Gemeint ist in diesem Zusammenhang aber wohlgemerkt eine achtsame, sanftmütige Form der

Selbstliebe, die nichts mit Egoismus oder Selbstverliebtheit zu tun hat.

Selbstmitgefühl ist nie selbstsüchtig. Es geht nicht darum, sich selbst zu bewerten – weder darum, sich selbst abzuwerten noch sich über den grünen Klee zu loben und auch nicht darum, möglichst viele Selfies von sich zu posten. Echte Selbstliebe ist überhaupt nicht davon abhängig, was wir darstellen oder wie wir auf andere wirken (wollen). Eine gütige, freundliche Haltung sich selbst gegenüber – das ist alles, was hier wichtig ist. Selbstmitgefühl zu haben heißt,

- dass wir bereit sind, uns nicht nur um andere, sondern auch um uns selbst zu kümmern,
- dass wir unsere Bedürfnisse kennen und respektieren und uns selbst nicht vernachlässigen,
- dass wir uns (mindestens) so gut wie unseren besten Freund oder unsere beste Freundin behandeln.

Selbstmitgefühl ist eine Form der Verbundenheit mit sich selbst, die es uns ermöglicht, uns zu spüren und uns in schwierigen Lebensphasen Kraft und Trost zu spenden.

»Nobody is perfect«: Selbstmitfühlend zu sein bedeutet, dass wir uns dessen auch wirklich bewusst sind. Dazu gehört, dass wir unsere Fehler und Schwächen wohlwollend annehmen und unsere Erfolge ebenso wie unsere Misserfolge als Teil unseres Lebens willkommen heißen, ohne jedes Mal alles auf die Goldwaage zu legen, was schiefläuft. Wenn wir uns selbst freundlich und mitfühlend behandeln, machen wir unseren Selbstwert nicht länger davon abhängig, wie andere uns beurteilen.

»Ich darf so sein, wie ich bin!«
Um uns in unserer Haut wohlzufühlen und
in Frieden mit uns leben zu können, gibt es nur einen Weg:
Wir müssen anfangen, uns selbst zu ermutigen,
und aufhören, gegen uns anzukämpfen.

Wenn wir uns selbst nicht lieben

Wenn wir uns nicht lieben, dann verlieren wir das Gefühl der Verbundenheit mit uns selbst und unsere Lebensfreude. Sich selbst abzulehnen gehört zu den schmerzhaftesten Erfahrungen, die wir als Menschen machen können.

Die ständige Angst, nicht zu genügen, »es nicht zu bringen«, unvollständig und somit ein »Mängelexemplar« zu sein, wirkt sich je nach Veranlagung sehr unterschiedlich aus: Manche entwickeln großen Ehrgeiz, streben außergewöhnliche Leistungen an und versuchen, das Wertlosigkeitsgefühl zu kompensieren, indem sie ihre Grenzen regelmäßig missachten. Andere zerbrechen an ihren eigenen Ansprüchen: Passivität, Einsamkeit, Depressionen und Pessimismus sind typische Folgen mangelnder Selbstliebe.

In den letzten zehn Jahren hat sich die Zahl der Verordnungen von Psychopharmaka wie Antidepressiva in Deutschland verdoppelt. Von anderen »Stimmungsaufhellern« wie Alkohol, die dabei helfen sollen, den Alltag zu bewältigen, einmal ganz zu schweigen. Wenn wir uns selbst nicht lieben, führt dies unweigerlich dazu, dass wir unglücklich werden und oft sogar krank. Und ebenso sicher führt ein Mangel an Selbstliebe dazu, dass wir auch andere niemals wirklich in unser Herz schließen werden, da wir gar nicht aus ganzem Herzen lieben können.

Warum es so schwer ist, sich selbst zu lieben

Es ist leider ganz *normal*, dass wir uns selbst nicht annehmen können und oft sogar ablehnen. *Natürlich* ist es jedoch überhaupt nicht. Normal ist ein Mangel an Selbstmitgefühl allerdings auch nur in leistungsorientierten Gesellschaften, in denen wir von Kindheit an auf Konkurrenzdenken programmiert und dazu ermuntert werden, uns ständig mit anderen zu vergleichen.

Der weitverbreitete Wunsch, etwas Besonderes zu sein und aus der Masse herauszuragen, ist einerseits zum Scheitern verurteilt. Wären wir alle Stars, gäbe es schließlich keine mehr. Und da es nun mal immer ein paar Leute geben wird, die jünger, attraktiver, reicher oder talentierter sind als wir, ist es ziemlich schwer, sich in einer wettbewerbsorientierten Gesellschaft wie der unseren wohl, geborgen und »in Ordnung« zu fühlen. Andererseits bist du aber natürlich etwas ganz Besonderes, du bist sogar einmalig im Universum!

»Als ich begann, mich selbst zu lieben, habe ich mich von allem befreit, was nicht gesund für mich war, von Speisen, Menschen, Dingen, Situationen und allem, was mich immer wieder hinunterzog, weg von mir selbst. Anfangs nannte ich das ›gesunden Egoismus‹ – doch heute weiß ich, das ist SELBSTLIEBE.«

Charles Chaplin

Auf einem Vortrag des Dalai Lama fragte eine Zuhörerin, wie sie mit ihrem Mangel an Selbstakzeptanz umgehen soll. Der Dalai Lama konnte auch nach mehrmaligem Nachfragen bei seinem Übersetzer nicht recht verstehen, was die Dame denn wohl meinte. Als ihm schließlich klar wurde, worauf sie hinaus wollte, war er fassungslos darüber, dass es so etwas wie Selbsthass überhaupt gibt. Für einen tibetischen Buddhisten ist es vollkommen selbstverständlich, dass wir mit der Praxis der liebenden Achtsamkeit genau dort anfangen, wo wir wirklich etwas verändern können – bei uns selbst.

Mit liebevoller Achtsamkeit zur Selbstliebe

Liebevolle Achtsamkeit bietet uns einen einfachen Weg, auf dem wir lernen, verständnisvoller und gütiger mit uns selbst umzugehen. Wenn wir den Begriff »liebevolle Achtsamkeit« hören, hat wohl jeder von uns sofort eine Vorstellung davon, was damit so ungefähr gemeint sein könnte. Schließlich erklären sich die Worte ja von selbst. Wollen wir es aber etwas genauer wissen, dann sollten wir uns zuerst einmal ansehen, was überhaupt Achtsamkeit ist:

Achtsam zu sein bedeutet in erster Linie, innezuhalten und den Augenblick mit all unseren Sinnen wahrzunehmen, ohne ihn intellektuell zu interpretieren oder unsere Erfahrung gleich zu bewerten. Eine Definition von Jon Kabat-Zinn, der vor rund vierzig Jahren seine Methode MBSR (»Mindfulness-Based Stress Reduction« oder »Stressbewältigung durch Achtsamkeit«) begründete, lautet: »Achtsamkeit ist das von Moment zu Moment gegenwärtige Gewahrsein, das ohne Urteil auskommt und durch unsere Aufmerksamkeit entwickelt wird.«

MBSR ist neu und alt zugleich, denn die Methode gründet auf der »edlen Achtsamkeit« der jahrtausendealten buddhistischen Lehre – nur ist MBSR von allen kulturellen und religiösen Bezügen befreit. Achtsamkeitsbasierte Methoden wirken nachweislich gegen Stress und werden heute unter anderem an Kliniken, in Volkshochschulen, im Coaching sowie im Rahmen verschiedener Therapien angewendet.

»Es gibt nur eine Zeit, in der es wirklich wichtig ist, aufzuwachen – und diese Zeit ist Jetzt.«
BUDDHA

Im Buddhismus gilt Achtsamkeit als wichtige Voraussetzung dafür, sich von Unzufriedenheit und Leiden zu befreien und glücklich zu werden. Achtsamkeit ist die Fähigkeit, sich ganz mit dem gegenwärtigen Moment zu verbinden und tief in das Hier und Jetzt einzutauchen.

Was nun die liebevolle Achtsamkeit betrifft, so unterscheidet sie sich davon vor allem durch einen Aspekt: Während Achtsamkeit an sich neutral ist und manchmal als eine technische Methode betrachtet wird, wendet sich liebevolle Achtsamkeit unserer jeweiligen Erfahrung auf *positive, freundliche* Weise zu. Mit anderen Worten: Wir nehmen unser Herz mit auf die Reise.

Liebevolle Achtsamkeit ist die Fähigkeit, sich im gegenwärtigen Moment wohlwollend und mitfühlend sich selbst oder anderen zuzuwenden. Liebevolle Achtsamkeit ermöglicht es uns, dem Jetzt mit einem offenen Herzen und einem inneren Lächeln zu begegnen.

Du darfst du sein!

»Das Große ist nicht, dies oder das zu sein,
sondern man selbst«
SØREN KIERKEGAARD

Liebevolle Achtsamkeit hilft uns dabei, eine einfache und zugleich sehr befreiende Wahrheit zu erkennen: Wir dürfen wir selbst sein! Wir müssen nicht versuchen, anders zu werden, und auch nicht, jemand anderes zu werden.

Um zufrieden, erfolgreich, glücklich und erfüllt zu sein, brauchst du nichts und niemanden. Jeder von uns ist bereits vollständig und vollkommen.
Wenn du auf der Suche nach Glück, Selbstvertrauen und Liebe bist, dann bleibe ganz bei dir selbst.
Je mehr du dich selbst im Außen suchst, desto mehr wirst du dich verlieren.

Indem wir uns selbst achtsam wahrnehmen, ohne uns zu be- oder verurteilen oder niederzumachen, entwickeln wir den Mut, ganz wir selbst zu sein. Nur dann können wir authentisch sein. Authentische Menschen wissen sehr wohl um ihre Schwächen und Fehler. Zu sich selbst zu stehen hat nichts damit zu tun, »fehlerfrei« oder perfekt zu sein (was ohnehin unmöglich wäre). Vielmehr geht es darum, sich trotz all seiner kleinen und großen Unzulänglichkeiten anzunehmen und sich selbst »absolut okay« zu finden.

Wer authentisch ist, übt eine starke Anziehung auf andere aus, denn im Grunde sehnt sich jeder Mensch danach, er selbst sein zu dürfen. Authentizität befreit. Wenn jemand ganz er selbst ist, dann ist es völlig egal, wie viel er wiegt, was für Schuhe er trägt, ob er lispelt, eine zu große Nase oder zwei linke Beine hat. Originale kommen immer gut an, denn Kopien gibt es schließlich schon mehr als genug. Wenn wir uns selbst liebevoll und achtsam begegnen, entwickeln wir dadurch einen großen geistigen Raum, in dem wir frei atmen, neue Erfahrungen sammeln und wirklich lebendig sein können.

So wie eine gütige Mutter,
die darüber wacht, dass ihr Kind sich ausprobieren
und frei entfalten kann, können wir über uns
selbst wachen und darauf achten, mit jedem Schritt
freier und glücklicher zu werden.

Praxis: Absichtserklärung

»Wo ein Wille ist, ist ein Weg« – das gilt auch, wenn wir uns entscheiden, uns selbst in Zukunft mitfühlender zu behandeln. Und da man so wichtige Dinge wie Liebe und Mitgefühl nicht dem Zufall überlassen sollte, ist es wichtig, dass wir diese Entscheidung auch tatsächlich sehr bewusst treffen.

Die Absicht, etwas zu verändern, ist genauso wichtig wie der Weg, der dorthin führt. Ja, letztlich ist die Absicht sogar noch wichtiger. Schon eine einzige kraftvolle Entscheidung kann den Impuls dafür geben, endlich mit dem Rauchen aufzuhören, einen unliebsamen Job zu kündigen oder mehr Sport zu treiben. Ebenso kann allein die Absicht, liebevoller und achtsamer mit sich selbst umzugehen, Auslöser für die entscheidende Veränderung sein.

Eine »Absichtserklärung« ist hier sehr hilfreich. In Form einiger klarer Sätze können wir unsere Entscheidung in Worte fassen. Das hilft uns, unser Ziel nicht aus den Augen zu verlieren.

Eine solche Absichtserklärung kann sehr einfach aussehen – beispielsweise so:

> *»Weniger denken – mehr lieben.*
> *Weniger kontrollieren wollen – mehr loslassen.«*

oder so:

> *»Ich verpflichte mich, gut für mich zu sorgen. Ich werde Schaden von mir abwenden, indem ich weder meinen Körper noch meinen Geist mit Giften belaste!«*

(Zu den Giften, die den Körper schädigen, gehören Genussgifte, Drogen, äußere Reize und Überanstrengung. Zu den Giften, die den Geist schädigen, gehören Pessimismus, Hass, Gier oder schlechte Gesellschaft.)

Praxis: Die »Gut-für-mich-sorgen-Liste«

Es gibt Menschen, die ganz genau wissen, was ihnen guttut und die sich dabei völlig auf ihre Instinkte verlassen können – aber das sind nur sehr wenige. Alle anderen bräuchten eigentlich so eine Art »Gebrauchsanleitung zur Selbstliebe«, durch die sie lernen können, täglich liebevolle Achtsamkeit zu üben. Diese Gebrauchsanleitung gibt es natürlich nicht, wohl aber einige Dinge, auf die wir achten können, um mehr Selbstmitgefühl für uns zu entwickeln und besser als bisher für uns zu sorgen. Hier eine kleine Liste:

- Gib dir die Erlaubnis, so zu sein, wie du bist.
- Achte auf deine Grenzen. Verausgabe dich nicht, sondern sammle deine Energien.
- Mach dir klar, dass es nur menschlich und vollkommen normal ist, Fehler zu machen, zu scheitern oder falsche Entscheidungen zu treffen. Das ist kein Grund für Selbstkritik, sondern gehört einfach zum Leben. Jeder Fehler, jedes Scheitern ist nur Rückmeldung.
- Frage dich zwischendurch immer wieder, was du gerade brauchst, um dich wohlzufühlen. Nimm deine Bedürfnisse ernst.
- Finde heraus, was dir deine Kräfte raubt, und dann: Stelle es ab, sofern dir das möglich ist.
- Folge deiner Lust. Genieße jeden Augenblick, der sich dazu eignet, genossen zu werden.
- Nimm dir Zeit für dich. Zeit, um spazieren zu gehen, zu lesen, mit Freunden zu telefonieren, essen zu gehen, Musik zu hören oder zu tun, wonach auch immer dir der Sinn steht. Vergiss dich im ganzen Alltagstrubel nie selbst.
- Wenn du eine Dummheit oder einen Fehler gemacht hast, dann gib es einfach zu: »Ja, das hätte ich besser nicht gesagt/getan. Tut mir leid – ich wünschte, es wäre anders gelaufen.« Fertig! Übernimm die Verantwortung, ohne dich jedoch selbst niederzumachen, und lerne aus deiner Erfahrung.
- Vergleiche dich nicht mit anderen. Sie sind sie, du bist du. Das Leben ist keine Olympiade. Die Erkenntnis, dass jeder so sein darf, wie er ist (auch du!), verleiht Selbstvertrauen und innere Kraft.

Selbstmitgefühl ist wie ein Muskel, der umso stärker wird, je regelmäßiger wir ihn trainieren. Weiter unten werden wir dir noch einige effektive Möglichkeiten zeigen, mit denen Selbstmitgefühl geübt und gestärkt werden kann. Natürlich kannst nur du entscheiden, welche Übungen die richtigen für dich sind und wie viel Zeit du dir dafür nehmen kannst. Um mehr Selbstfürsorge zu entwickeln, gilt jedoch grundsätzlich: Die Absicht ist zwar entscheidend, sie entspricht dem Anlasser des Motors unseres Bootes – um jedoch voranzukommen, müssen wir losfahren! Und je länger wir fahren, wobei unsere Werte die Sterne sind, mit deren Hilfe wir navigieren, desto weiter werden wir kommen.

Zerstörerische Glaubenssätze löschen

Selbstmitgefühl setzt eine Einstellung der Offenheit und Freundlichkeit voraus – und genau deshalb stehen Glaubenssätze dir oft im Weg, wenn du lernen willst, dich selbst zu lieben. Glaubenssätze sind Vorannahmen – und somit nicht offen. Und wenn sie dann auch noch negativ sind, wirken sie geradezu zerstörerisch. Solche selbstzerstörerischen Glaubenssätze führen dazu, dass du dich minderwertig, schuldig oder als Versager fühlst, was natürlich nicht gerade dazu beiträgt, dich selbst liebevoll anzunehmen.

Belastende Glaubenssätze erzeugen erheblichen Stress und vergiften deinen Geist. Selbst schwere seelische Probleme wie Depressionen, Burn-out oder Panikattacken gehen teilweise auf sie zurück. Interessanterweise sind auch Menschen, die äußerlich gesehen erfolgreich, attraktiv und wohlhabend sind, nicht frei davon, ihren Selbstwert innerlich durch zerstörerische Glaubenssätze zu sabotieren. Auch daran sehen wir, dass die Tür zum Glück tatsächlich nur nach innen aufgeht.

Was sind Glaubenssätze eigentlich? Einfach gesagt: all die Dinge, die wir über oder von uns selbst und der Welt glauben. Etwas konkreter sind es *Grundannahmen*, die tief in unserem Bewusstsein verankert sind und die wir automatisch für wahr halten, ohne sie je zu überprüfen. Diese Annahmen oder Meinungen sind Filter, durch die wir die Welt sehen und erleben. Und leider lassen diese Filter nicht alle bunten Farben, sondern meist nur ein eintöniges Grau zu uns vordringen.

Psychologen sind sich einig, dass viele Ursachen für unsere Prägungen in unserer frühen Kindheit liegen. Wenn uns schon im Kindesalter von Bezugspersonen (das müssen nicht immer die Eltern sein) eingeredet wurde, dass wir so, wie wir sind, nicht gut genug, nicht schlau genug, schön genug oder begabt genug sind, können wir dem als Kinder natürlich wenig entgegensetzen. Wenn wir uns regelmäßig Sätze wie »Du nervst«, »Das kapierst du sowieso nicht«, »Aus dir wird nie etwas«, »Nur wegen dir ist Papa gegangen« oder »Dein Bruder macht das viel besser als du« anhören müssen, ist es kein Wunder, wenn wir uns irgendwann wertlos fühlen. Und dieses Gefühl sitzt dann so tief in uns, dass es uns oft durch unser ganzes Leben begleitet ... Es sei denn, wir unternehmen etwas dagegen.

Grundsätzlich gibt es drei verschiedene Arten von negativen Glaubenssätzen:

1. **Glaubenssätze, die sich auf unsere Weltanschauung beziehen.** Dazu gehören beispielsweise Vorannahmen wie »Die Welt ist schlecht«, »Das Leben ist kein Zuckerschlecken – es wird einem nichts geschenkt« oder »Vertrauen ist gut, Kontrolle ist besser«. Weltanschauliche Glaubenssätze machen uns das Leben schwer, führen dazu, dass wir uns viel öfter als nötig schlecht fühlen, und stehen unserer inneren Entwicklung im Weg.
2. **Glaubenssätze, die die Beziehungen zu anderen betreffen.** Dazu gehören beispielsweise Vorannahmen wie »Männer sind

gefährlich«, »Alle wollen mich nur ausnutzen« oder »Man darf niemandem vertrauen«. Diese Glaubenssätze machen Mitgefühl unmöglich. Sie hindern uns daran, unser Herz zu öffnen und entsprechend offen auf andere zuzugehen. Somit stehen sie der Entwicklung gesunder, warmer Beziehungen im Weg.

3. **Glaubenssätze, die sich auf uns selbst beziehen.** Dazu gehören beispielsweise Vorurteile wie »Ich bin nicht wichtig«, »Ich werde das nie lernen, ich bin ein Versager«, »Ich bin dumm«, »Ich bin wertlos« oder »Ich bin nicht liebenswert«. Im Hinblick auf die Entwicklung von Selbstliebe sind dies die gefährlichsten Glaubenssätze. Sie stehen der liebevollen Achtsamkeit diametral entgegen: Sie sind weder liebevoll und gütig noch beruhen sie auf Achtsamkeit, sondern vielmehr auf alten Denkmustern und eingefleischten geistigen Gewohnheiten, die uns noch dazu meist von anderen eingeimpft wurden. Darum ist es besonders wichtig, zunächst einmal diese Art von Glaubenssätzen zu entkräften.

Was du glaubst, ist nicht in Stein gemeißelt

»An das Gute glauben nur die Wenigen, die es üben.«

Marie von Ebner-Eschenbach

Wie schaffen wir es, ein negatives Selbstbild aufzulösen? Vor allem dadurch, dass wir einen neuen Glaubenssatz tief in uns verankern. Er lautet: »Ich kann meine Glaubenssätze jederzeit ändern!«

Vergessen wir nie, dass Glaubenssätze nur Gedankenmuster sind! Gedanken sind flüchtige Phänomene, die nicht in Stein gemeißelt sind, sondern entweder losgelassen oder aber umgeformt werden können. Ganz gleich, wie tief Gedankenmuster sich in unser Unterbewusstes gegraben haben: Wir können diese mentalen Zeitbomben, die uns daran hindern, uns selbst zu lieben, jederzeit entschärfen. Um einschränkende Glaubenssätze zu löschen, gibt es recht viele Methoden, die von verschiedenen Psychologen, Therapeuten, Coaches oder spirituellen Lehrern entwickelt wurden. Zu den einfachsten und wirkungsvollsten Möglichkeiten, um unseren Geist von »Restmüll« zu befreien, gehört die Liebe: Mitgefühl und Selbstmitgefühl heilen nicht nur alle Wunden – sie führen auch ganz von selbst dazu, dass wir Altes loslassen und uns für neue Erfahrungen öffnen können.

Praxis: Vier Schritte in die geistige Freiheit

Vier Schritte helfen dabei, einschränkende Glaubenssätze durch liebevolle Achtsamkeit zu ersetzen: *Erkennen*, *Fühlen*, *Überprüfen* und *Positive Glaubenssätze säen:*

1. Erkennen und wahrnehmen

Selbsterkenntnis ist bekanntlich der erste Schritt zur Besserung – und das Erkennen negativer Gedankenmuster ist darüber hinaus der erste Schritt zu Achtsamkeit und Selbstmitgefühl. Nur wenn wir überhaupt einmal erkennen, was uns so alles an Unsinn durch den Kopf geht, können wir das auch verändern.

Die klassische Methode, seine eigenen Gedanken zu durchschauen, ist die Meditation. Doch natürlich können wir einschränkende Glaubenssätze auch im Alltag erkennen. Das ist allerdings nicht so einfach. Am besten gelingt es in ruhigen Momenten, wenn wir nichts tun müssen.

- Wir können unsere »Lieblingsglaubenssätze« zum einen daran erkennen, was in unserem Leben nicht optimal läuft. Wenn wir zum Beispiel Probleme mit Beziehungen, mit Geld oder unserer Gesundheit haben, stecken oft entsprechende Glaubenssätze dahinter, denn sie erschaffen sich ihre Wirklichkeit. Wenn wir fest daran glauben, dass wir nicht liebenswert sind, werden wir wohl nie Menschen treffen, die uns das Gegenteil beweisen. Wenn wir ständig finanzielle Schwierigkeiten haben, liegt das häufig daran, dass wir glauben, nie erfolgreich sein zu können, und so weiter.
- Zweitens sollten wir uns Gedanken anschauen, die auf Verallgemeinerungen beruhen – wie etwa »*Alle Männer gehen fremd*«, »*Keiner* mag mich«, »Ich habe *immer* Pech« oder »Ich werde *nie* Geld haben«.
- Drittens kannst du dir öfter einmal zuhören, wenn du jemandem, dem du vertraust, dein Herz ausschüttest. Was sagst du da über dich selbst? Meist tragen wir unsere Glaubenssätze in der einen oder anderen Weise nach außen.

2. Fühlen und nachspüren

Wähle einen deiner einschränkenden Glaubenssätze (du solltest immer nur mit einem Glaubenssatz auf einmal arbeiten) und formuliere ihn in deinem Geist noch einmal ganz klar – zum Beispiel »Niemand mag mich«.

Spüre jetzt, was dieser Gedanke in dir bewirkt. Was für Gefühle tauchen auf, wenn du den Satz denkst? Wirst du traurig? Bist du frustriert, verunsichert, ängstlich? Oder macht dein Glaubenssatz dich wütend?

Lenke deine Achtsamkeit dann auf deinen Körper: Wie kannst du dieses Gefühl körperlich spüren? Vielleicht indem du den Kopf hängen lässt, flacher atmest, deinen Bauch oder deine Hände anspannst? Spüre möglichst deutlich, wie sich schon ein negativer Gedanke auf deine Stimmungen und Gefühle auswirken kann. In diesem Schritt geht es nur darum, zu beobachten – du musst nichts verändern.

3. Hinterfragen

Frage dich jetzt: Ist das, was ich glaube, wirklich wahr? Kann ich hundertprozentig sicher sein? Gab es in meinem Leben wirklich *niemals* auch nur eine einzige Situation, in der mich jemand gemocht hat oder freundlich zu mir war?

Erinnere dich und bringe dir ermutigende Erfahrungen aus deiner Vergangenheit ins Bewusstsein. Das können auch Kleinigkeiten sein. Und es reicht völlig, dass irgendwann einmal jemand irgendetwas an dir mochte – deine Augen; das, was du gesagt hast; etwas, was du erschaffen hast, oder was es auch sei.

4. Positive Glaubenssätze säen

Im letzten Schritt formulierst du deinen Glaubenssatz positiv um. Statt »Niemand mag mich« sagst du: »Es gibt Menschen, die mich gemocht haben. Ich muss nur die richtigen Leute treffen, dann komme ich auch gut bei ihnen an.«

Denke diesen Satz mehrmals hintereinander, und versuche, dir ein Bild auszumalen, das die Aussage bekräftigt. Vertiefe dich in den positiven Glaubenssatz. Wie fühlt sich dein Körper jetzt an? Was macht dein Atem? Welche Gefühle tauchen auf?

Die radikalere Methode besteht darin, dass du deinen Fokus tatsächlich auf das genaue Gegenteil richtest. Seine Konzentration auf die »Gegenkraft« zu lenken, ist eine Methode, die im geistigen Yoga schon vor zweitausend Jahren angewendet wurde. Wenn du Angst hast, dann konzentriere dich auf Vertrauen. Wenn du dich ärgerst, dann konzentriere dich auf Gelassenheit. Und wenn du einen einschränkenden Glaubenssatz identifiziert hast, dann kehre ihn in sein genaues Gegenteil um. Aus »Niemand liebt mich« kann dann zum Beispiel »Ich bin liebenswert« oder »Ich bin wertvoll, und das können andere auch wahrnehmen« werden.

Wiederhole diesen positiven Satz mehrmals innerlich (nicht nur heute, sondern regelmäßig). Wenn dir das erst einmal komisch vorkommt, ist das ganz normal, doch bedenke, dass unsere Gedanken die Wirklichkeit formen und nicht umgekehrt. Mach es also einfach als Bewusstseinsexperiment – tue so, als ob es so wäre: »Ich bin wertvoll und liebenswert!«

Spüre wieder genau in dich hinein, während du diesen Gedanken innerlich wiederholst. Welche Gefühle tauchen jetzt auf? Wie fühlt sich dein Körper jetzt an?

Praxis: Heilende Selbstgespräche

Worte haben einen starken Einfluss auf uns. Sie wirken unmittelbar auf unsere Stimmung, auf unsere Motivation und unser Selbstbild. Was würde wohl passieren, wenn wir mit unserem Partner, unseren Kindern oder Freunden auf herablassende, verächtliche Weise sprechen oder sie ständig beleidigen würden? Ganz einfach: Sie würden sich ganz schnell von uns abwenden – und das völlig zu Recht.

Achte darauf, wie du mit dir selbst sprichst, und ob die Wahl deiner Worte freundlich oder unfreundlich ist. Und höre auch mal nach innen, um herauszufinden, in welchem Ton du mit dir selbst redest. Wenn du merkst, dass deine inneren Selbstgespräche verletzend sind, solltest du innerlich bewusst mitfühlende, freundliche Sätze formulieren.

Du kannst dein inneres Gesprächsklima gut in der Meditation erforschen, genauso aber auch mitten im Alltag (oder beim Einschlafen). Achte auf negative Selbstbewertungen und ersetze sie durch Fürsorge und Verständnis. Sprich zu dir sanft wie zu einem Kind, das du trösten oder ermuntern willst: »Es ist vollkommen okay, Fehler zu machen … Man muss nicht alles gleich begreifen … Es ist kein Problem, zu klein, zu groß, zu dick, zu dünn zu sein oder den falschen Haarschnitt zu haben, solange du keins daraus machst … Es ist völlig normal, verwirrt, traurig, träge oder unbeherrscht zu sein – das geht jedem mal so …«

Ein mitfühlender Brief an dich selbst

Du kannst die Methode der »heilenden Selbstgespräche« noch ausbauen, indem du einen mitfühlenden, freundlichen Brief an dich selbst schreibst. Am besten machst du das immer wieder einmal – zum Beispiel alle paar Monate.

Durch Schreiben gelingt es am leichtesten, entmutigende, verletzende oder grobe Sätze, die du in deinen mentalen Selbstgesprächen verwendest, umzuprogrammieren.

- Denke an einen deiner Fehler, an ein Problem oder eine Schwäche – ob charakterlich oder äußerlich ist erst mal gleichgültig. Stelle dir dann vor, du würdest einer guten Freundin oder einer Jugendlichen, die unter dieser Schwierigkeit leidet, einen tröstenden Brief schreiben – allerdings schreibst du jetzt nicht ihr, sondern dir selbst. Schreibe aus einer Warte der Akzeptanz und Güte. Benutze ausschließlich ermutigende, positive und aufbauende Sätze an dich selbst und lass dich von deinen eigenen Worten überraschen.
- Geh nun noch einen Schritt weiter. Mach dir selbst ein ehrlich gemeintes Kompliment. Jeder hat etwas, das er an sich mag, auch wenn noch so viele Dinge »falsch« erscheinen mögen.

Finde heraus, was wertvoll und wunderbar an dir ist. Indem du das Positive hervorhebst, werden dir deine Schwächen in einem anderen, gnädigeren Licht erscheinen und an Bedeutung verlieren.

- Schreibe dir etwas Nettes – etwas, was du an dir schätzt (worauf du vielleicht auch nur deshalb aufmerksam geworden bist, weil andere es irgendwann einmal geäußert haben): Lobe dich zum Beispiel dafür,
  - dass du gut zuhören kannst,
  - dass du zuverlässig bist,
  - dass du verrückte Ideen hast,
  - dass du einen tollen Käsekuchen backen kannst,
  - dass du einen Freund nie im Stich lassen würdest,
  - oder lobe dich für deine gute Absicht, ab heute mehr zu lieben – dich selbst und andere.

Liebevolle Achtsamkeit bewirkt Selbstmitgefühl. Selbstmitgefühl verstärkt die Achtsamkeit. Achtsamkeit und Selbstliebe bewirken Ruhe, Güte und innere Kraft. Wer Ruhe, Güte und Kraft ausstrahlt, hat sich selbst gefunden – und kann dann auch anderen helfen, sich selbst zu finden.

Wenn du geliebt werden willst, dann liebe … deinen Körper

Dass ausgerechnet dein Körper ein Weg zu mehr Achtsamkeit und Selbstmitgefühl sein kann, erscheint dir auf den ersten Blick vielleicht verrückt. Wir wissen schließlich alle nur zu gut, wie schwer Selbstakzeptanz gerade im Hinblick auf den eigenen Körper fällt. So viele Kämpfe, so viel Stress, so viel Frust und Traurigkeit entstehen allein dadurch, dass wir es nicht schaffen, uns in unserem Körper wohl und geborgen zu fühlen.

In Zeiten von Fitnessstudios, Diätriegeln, Top-Model-Sendungen, Abnehm-Apps und Schönheits-OPs scheint es immer schwieriger für uns zu werden, ein natürliches, harmonisches Verhältnis zu unserem Körper zu entwickeln. Viele sehen ihren Körper als Feind. Er will einfach nicht so aussehen, wie wir und unsere Gesellschaft das von ihm erwarten. Schließlich »erleben« wir unseren Körper dann irgendwann nur noch, indem wir ihn messen, wiegen und vergleichen. Das ist nicht nur traurig, sondern hat auch fatale Folgen für unsere Beziehungen. Und wenn wir nicht gegensteuern, wird sich das leider auch nicht ändern. Erst wenn wir mit unserem Körper in Frieden leben, werden wir uns selbst lieben können. Und erst dann werden wir auch andere Menschen wirklich lieben können und sie uns.

Durch Mitgefühl kannst du wieder lernen, dich ganz auf deinen Körper einzulassen und ihn als das zu sehen, was er ist: ein kostbares Geschenk! Dann geht es nicht länger darum, zu versuchen, dein Spiegelbild an deine oder die Erwartungen anderer anzupassen. Statt dein Äußeres zu bewerten – was garantiert niemals zu mehr Selbstmitgefühl führen wird – kannst du dich mit dem Körper anfreunden, der du *bist,* statt gegen den Körper anzukämpfen, den du *hast.*

Liebevolle Achtsamkeit lädt uns dazu ein, unseren Fokus vom Außen nach innen zu verlagern. Dabei hören wir auf, unser Spiegelbild zu fragen, ob wir liebenswert sind. (Unser Spiegel weiß das sowieso nicht.) Stattdessen fangen wir an, den Körper zu erleben, mit dem

wir atmen, mit dem wir uns bewegen, die Sonne und den Wind spüren und mit dem wir andere berühren und von ihnen berührt werden.

Unser Körper kann ein Schlüssel zu mehr Mitgefühl, Wohlbefinden und Lebensfreude sein. Er kann uns den Weg zu unserer Lebendigkeit und Sinnlichkeit zeigen und uns wieder mit unserer natürlichen Schönheit verbinden. Achtsamkeit und insbesondere liebevolle, wohlwollende Achtsamkeit ermöglichen es uns, unseren Fokus in Bezug auf unseren Körper vom Schauen und Bewerten auf das Spüren und Annehmen umzulenken.

In der schon erwähnten *Stressbewältigung durch Achtsamkeit* (MBSR) werden verschiedene Meditationsformen eingeübt – unter anderem der Bodyscan. Bei dieser Methode wird der ganze Körper innerlich »abgetastet« – und zwar Stück für Stück, wie bei einem Scanner. Die Übung ist sehr effektiv: Sie vertieft das Körperbewusstsein und hilft, Akzeptanz und Verständnis für den eigenen Körper zu entwickeln. Ohne geführte Anleitung ist es jedoch schwierig, den Bodyscan durchzuführen. Obwohl solche Anleitungen überall angeboten werden – in Kursen, auf CDs oder im Internet (beispielsweise kostenlos auf unserer Homepage) –, möchten wir dir hier eine andere Form der Achtsamkeitsmeditation vorschlagen:

Versuche, mitten im Alltag immer wieder in deinem Körper anzukommen. Dein Körper ist immer im Jetzt. Er begleitet dich in jedem Augenblick deines Lebens und bietet dir daher jederzeit die Möglichkeit, liebevolle Achtsamkeit zu üben.

Praxis: Im Körper ankommen, Körpermeditation I

Den eigenen Körper achtsam wahrzunehmen, ist nicht schwer. Wir können das in der formellen Meditation ebenso wie im Bus, auf dem Sofa, in einer Konferenz, beim Einkaufen oder unter der Dusche tun. Ohne unseren Körper könnten wir all diese Dinge ja sowieso nicht machen.

Es gibt einige Achtsamkeits-Checkpunkte, die du in jeder beliebigen Situation durchchecken kannst, um wirklich im Körper anzukommen. Die folgende Auflistung zeigt dir, worauf es dabei ankommt. Allerdings ist es nicht nötig, jedes Mal alle Punkte durchzugehen. Suche dir einfach ein oder zwei Aspekte aus (zum Beispiel »Körpertemperatur und Haltung« oder »Muskelspannung«). Lass das Ganze nicht zu technisch werden, sondern sieh die einzelnen Bereiche nur als Anregungen, mit denen du experimentieren kannst. Um dich besser im Körper zu spüren, kannst du beispielsweise auf Folgendes achten:

- Wie ist deine Körperhaltung? Sitzt du, stehst du, liegst du? Ist dein Rücken aufrecht oder »krumm«? Nimm achtsam deine Körperhaltung wahr.
- Achte auf deine »Körpertemperaturen«: Wo in deinem Körper fühlt es sich eher kalt, wo eher warm an? Achte zum Beispiel einmal auf die Hände, Füße, die Nase oder den Bauch …
- Wie fühlt sich deine Körperspannung in diesem Moment an? Gibt es Muskeln, die gerade ganz entspannt oder aber angespannt sind? Wie fühlen sich die Muskeln in deinem Rücken, in den Schultern oder im Bauch an? Ist deine Stirn und sind deine Augen entspannt oder angespannt?
- Kannst du in irgendwelchen Körperbereichen Empfindungen wie Schmerzen, Kribbeln, Druck, Enge oder Weite spüren?

- Wie schwer oder leicht fühlt sich dein Körper jetzt gerade an? Kannst du sein Gewicht spüren?
- Gibt es Berührungen, die du in diesem Augenblick registrieren kannst? Beispielsweise dass deine Füße den Boden, dein Rücken das Sofa oder dein Gesäß den Stuhl berührt? Oder spürst du Wind, Regen oder Sonne im Gesicht?

Es geht hier wohlgemerkt nicht darum, Körperempfindungen zu bewerten. Es geht nicht darum, ob etwas »richtig« oder »falsch« ist. Angenehme Empfindungen fühlen sich angenehm an, unangenehme unangenehm – ganz einfach. Und was auch immer gerade im Körper spürbar wird, ist vollkommen okay. Du musst bei diesen Übungen also nichts verändern, sondern nur hinschauen.

Praxis: Körpermeditation II

Ebenso wie du innerlich Momentaufnahmen deines Körpers in verschiedenen Haltungen machen kannst, kannst du deine liebevolle Achtsamkeit auch auf das richten, was dein Körper gerade *tut* und wie sich das anfühlt. Die Körpermeditation II ist also eher die aktive Variante, um Achtsamkeit zu üben. Jede Handlung bietet sich an, zwischendurch einmal etwas genauer hinzusehen und dir etwas mehr Zeit als sonst zu nehmen, um ganz in deinem Körper anzukommen. Dabei kannst du dich zum Beispiel fragen:

- Wie schmeckt mir mein Essen? Wie fühlt sich der Bissen im Mund an? Schmeckt mir das Essen überhaupt? Kann ich es genießen?
- Wie bewege ich mich beim Gehen, Radfahren oder beim Sport? Spanne ich Muskeln an, die ich auch entspannen könnte? Sind

meine Bewegungen leicht und fließend oder eher eckig und angestrengt?

- Wie fühlt sich mein Körper im Wasser an – unter der Dusche, im Bad, beim Schwimmen oder beim Waschen? Wie fühlt es sich an, wenn ich mich einseife oder eincreme?
- Wie bewege ich mich, während ich koche, staubsauge, die Treppen hinuntersteige oder den Rasen mähe? Kann ich meine Achtsamkeit ganz entspannt auf das Tun lenken? Oder strengt mich die Aufgabe an, da ich zum Beispiel an die Zukunft denke – daran, endlich fertig zu werden?

Öffne deine Sinne. Registriere alles, was dir gerade bewusst wird, spüre sanft in deinen Körper hinein – dies ist der erste Schritt der liebevollen Achtsamkeit.
Der zweite Schritt besteht darin, dass du nichts bewertest oder verurteilst. Einfach entspannt alles da sein lassen – dein Leben, so wie es gerade ist, da sein lassen … und loslassen …

Die folgende Übung ist eine klassische Methode zur Entwicklung von Selbstmitgefühl. Ihr Ursprung liegt im Buddhismus, aber die Übung ist völlig unabhängig davon, an was wir glauben oder welchen spirituellen Weg wir gehen. Überhaupt hat es der Buddhismus nicht besonders mit dem »Glauben« – worauf es ankommt, das ist die Erfahrung, und die kann jeder von uns machen.

Studien belegen, dass die Mitgefühlmeditation äußerst wirkungsvoll ist. Wir müssen sie aber auch machen, einfach stur, ohne lang darüber nachzudenken – am besten täglich zehn oder fünfzehn Minuten, ohne etwas Besonderes zu erwarten oder bestimmte Gefühle heraufzubeschwören, die wir vielleicht gar nicht haben.

Anfangs mag es uns vielleicht seltsam vorkommen, Sätze wie »Möge ich glücklich sein« in der Meditation zu denken. Doch die Wirkungen lassen nicht lange auf sich warten – überraschenderweise werden sie oft plötzlich und unerwartet mitten im Alltag, also gar nicht während der Meditation selbst, spürbar. Mit anderen Worten: Tu es einfach und lass dich überraschen.

Praxis: Herzmeditation I, »Möge ich glücklich sein«

Bei der Herzmeditation geht es nicht darum, etwas »gut« oder »richtig« zu machen. Es reicht vollkommen, sich mit der Absicht, zu meditieren, hinzusetzen und der folgenden Beschreibung so gut wie möglich zu folgen:

- Setze dich aufrecht, aber bequem hin. Achte darauf, dass der Rücken gerade ist und dass Schultern und Gesicht entspannt sind. Schließe die Augen.
- Entspanne deinen Körper, so gut es gerade für dich möglich ist. Richte die Achtsamkeit dann auf deinen Atem: Spüre einfach, wie sich die Bauchdecke beim Einatmen sanft hebt und wie sie beim Ausatmen wieder locker nach innen sinkt. Wichtig ist, dass du nichts an deinem Atem veränderst; ganz egal, ob er schnell oder langsam, tief oder flach ist: Lass ihn einfach sein, wie er will.
- Wenn dein Körper etwas zur Ruhe gekommen ist, dann lass auch deinen Geist ruhig werden. Schau einfach zu, wie die Gedanken immer wieder kommen und gehen. Es ist ganz normal, dass unser Geist denkt. Wann immer dir das Karussell in deinem Kopf zu bunt wird, konzentriere dich wieder auf die Atembewegung.
- Beginne nun mit der eigentlichen Herzmeditation zur Entwicklung von Selbstmitgefühl:

– Während du einatmest, denkst du: »Möge ich …«,
– während du ausatmest, denkst du: »… glücklich sein«.
– Beim nächsten Einatmen denkst du: »Möge ich …«,
– beim Ausatmen: »… sicher und geborgen sein«.
– Beim dritten Einatmen denkst du: »Möge ich …«,
– beim Ausatmen: »… friedvoll und gelassen sein«.

- Nach diesem Zyklus fängst du wieder von vorn an und wiederholst alle drei Wünsche. Zwinge dich dabei nicht, angenehme Gefühle zu erzeugen. Wenn sie entstehen, ist es schön, wenn nicht, ist das auch in Ordnung. Die Sätze wirken tief auf dein Unterbewusstes – du musst also gar nichts weiter »tun«.
- Bleibe während der Zeit der Meditation einfach dabei, die Sätze innerlich zu wiederholen, und zwar sanft und entspannt und immer in deinem Atemrhythmus. Dass deine Gedanken dabei abschweifen werden, ist Teil der Übung. Sobald du anfängst, über andere Dinge nachzudenken, bemerke es einfach und kehre geduldig und liebevoll zu deinem Atem und der Wiederholung der guten Wünsche zurück.
- Um die Meditation zu beenden, lenkst du deine Aufmerksamkeit kurz auf das Gewicht deines Körpers. Atme dann dreimal tief durch, bevor du die Augen wieder öffnest.

Liebevolle Achtsamkeit in drei Schritten

»Denkst du häufig mit liebevollen Gedanken an andere Menschen, wird es dir zur Gewohnheit. Dann werden dir immer mehr Menschen liebeswürdig erscheinen – und du ihnen.«

Valentin Kirschgruber

Es ist keine Frage unserer Gene oder unserer Veranlagung, ob wir uns für andere Menschen öffnen können oder nicht. Zum Glück spielt es überhaupt keine Rolle, ob wir eher kontaktfreudig oder schüchtern, eher extrovertiert oder introvertiert sind – jeder von uns kann lernen, zu lieben. Eigentlich müssen wir das noch nicht einmal lernen, denn es geht vielmehr darum, die Liebe in uns wiederzuentdecken, denn die Liebe ist immer da.

Liebevolle Achtsamkeit ist der Weg, auf dem sich die Stimme unseres Herzens wieder Gehör verschaffen kann. Wir können liebevolle Achtsamkeit einerseits ganz intuitiv erfahren oder aber systematisch vorgehen. Eine einfache Variante bietet die »**W.A.L.**-Methode«. Sie erleichtert es uns, Achtsamkeit und Güte zu entwickeln, und besteht aus drei Schritten:

1. **W**ahrnehmen
2. **A**nnehmen
3. **L**ächeln

Schritt 1: Wahrnehmen

Wahrnehmung ist die Grundvoraussetzung für Bewusstheit, Achtsamkeit und Liebe. Was wir nicht »sehen«, das können wir auch nicht lieben. Das ist auch der Grund dafür, warum oberflächliche Menschen nur halbherzig leben: Sie bekommen einfach zu wenig von ihrer Innen- und Außenwelt mit. Wir können nur dann in Kontakt mit unserem Herzen sein, wenn wir *wahrnehmen,* was in uns oder um uns herum geschieht. Immer wieder innezuhalten und aufzuwachen, Augen und Herz zu öffnen, zu spüren, zu horchen und aus unserem Gedankenkarussell auszusteigen – darin besteht die eigentliche Herausforderung.

Am Anfang stehen das Interesse und die Bereitschaft, sich für das Jetzt zu öffnen und sich dem, was in uns oder anderen lebendig ist, mit Neugierde und Respekt zuzuwenden – also genau hinzuschauen und hinzuspüren.

Ohne Wahrnehmung keine Achtsamkeit. Andere Menschen »für wahr zu nehmen«, ist die Voraussetzung dafür, dass wir Mitgefühl für sie empfinden können. Und indem wir anderen mehr Beachtung schenken, können wir letztlich auch uns selbst besser beachten. Eine klare Wahrnehmung führt zu innerer Ruhe und Sammlung.

Wie oft aber sind wir im Alltag abgelenkt und zerstreut – sei es, weil wir unseren Gedanken nachjagen oder weil unsere ganze Aufmerksamkeit von unserem Smartphone beansprucht wird? Manchmal verbringen wir ganze Stunden wie in Trance und verpassen uns dabei selbst genauso wie all die Menschen und Dinge um uns herum, wodurch wir die Verbindung nach außen und innen mehr und mehr verlieren.

Praxis: Sein Herz für das Jetzt öffnen

Wahrnehmung lässt sich üben. Und das lohnt sich, da wir uns viel lebendiger und erfüllter fühlen, wenn unser Geist richtig wach ist. Die Methode zur Schulung der Wahrnehmung besteht darin, im Alltag regelmäßig »Stopp!« zu denken und sich dann drei Fragen zu stellen:

1. »Was sehe ich gerade? Was gibt es in diesem Augenblick zu sehen, zu hören oder zu spüren? Übersehe ich gerade etwas?«
2. »Kann ich meine Wahrnehmung intensivieren? Kann ich mehr aufnehmen, wenn ich mich meinem Gegenüber, meiner Umwelt oder auch meinen eigenen Gedanken und Gefühlen bewusster zuwende – wenn ich noch genauer hinschaue oder hinhorche?«
3. »Kann ich mein Herz ganz und gar für das Jetzt öffnen oder hält mich etwas davon ab? Und wenn ja: Was ist das?«

Schritt 2: Annehmen

Annehmen bedeutet, dass wir allen »Gästen«, die uns im gegenwärtigen Augenblick begegnen, Akzeptanz und Wertschätzung entgegenbringen. Was auch immer wir in uns selbst oder anderen wahrnehmen: Der zweite Schritt der liebevollen Achtsamkeit besteht darin, loszulassen und innerlich Ja zu sagen.

Gerade dann, wenn andere Menschen sich nicht so verhalten, wie wir uns das vorstellen, oder wenn unerwünschte Gefühle und

Gedanken in uns auftauchen, sollten wir versuchen, loszulassen und trotz allem Ja zu sagen.

»Die Frucht von Loslassen ist die Geburt von etwas Neuem.«
MEISTER ECKHART

Ohne Akzeptanz können wir weder uns noch andere jemals wirklich lieben. Und wenn wir nicht sehr achtsam sind, schieben sich unsere Vorurteile und Bewertungen immer wieder wie eine unsichtbare Wand zwischen uns und das, was ist. Auf liebevolle Weise achtsam zu sein bedeutet, dass wir die Filter in unserem Kopf ausschalten und uns der Wirklichkeit des gegenwärtigen Augenblicks offen zuwenden. Erst wenn wir aufhören, zu beurteilen und zu bewerten, werden wir auch damit aufhören, uns oder andere zu verletzen.

Wenn wir andere ablehnen und in Kategorien wie richtig/falsch oder gut/schlecht denken, hat unser Kopf die Führung übernommen. Denn es ist immer nur der Kopf, der wertet und verurteilt, niemals unser Herz.

»Das, was ist, ist.« Sobald wir diese einfache Wahrheit wirklich erkennen, wird es uns leichter fallen, das Sein ohne Wenn und Aber zu akzeptieren.

Liebevolle Achtsamkeit heißt, dass wir die ganze Palette an möglichen Erfahrungen annehmen und offen für unsere Gefühle und Gedanken wie auch für andere Menschen samt ihrer Fehler und Eigenarten sind. Doch nur wenn wir uns entspannen und loslassen, können wir lernen, offen zu sein und anzunehmen, was ist. Nur wenn wir aufhören, zu jammern oder alles kontrollieren zu wollen, können wir innerlich Ja sagen und unsere Abwehrhaltung gegenüber dem Leben aufgeben.

Ohne Abwehr kein Kampf, ohne Kampf keine Feindschaft und kein Leiden. Das heißt aber nicht, dass wir alles gut finden müssten. Wir können das Verhalten eines anderen rundum ablehnen und ihm trotzdem mitfühlend begegnen – ebenso wie eine liebevolle Mutter auch dann noch mit ihrem kleinen Kind in Verbindung bleibt, wenn es eine kostbare Vase umgeworfen hat.

Wie unsere Kollegen, Bekannten, unser Partner oder Freunde – und erst recht unsere Feinde – wirklich sind, das werden wir nie erfahren, solange wir sie in Schubladen stecken. Und erst wenn wir lernen, sie »trotz allem« zu akzeptieren, werden sie aus ihren Schubladen herauskommen können und uns vielleicht so manches Mal überraschen.

Praxis: Trotz allem Ja sagen

Eine Möglichkeit, Akzeptanz zu lernen, besteht darin, regelmäßig zu meditieren, wobei insbesondere Herzmeditationen hilfreich sind (siehe Kapitel »Wenn du geliebt werden willst, dann liebe … dich selbst«, »Mitgefühl im Alltag leben« und »Liebevolle Achtsamkeit in der Beziehung leben«). Eine andere Möglichkeit besteht darin, dass du regelmäßig reflektierst, dir also selbst Fragen stellst. Immer dann, wenn du andere (und vielleicht auch sehr anstrengende) Menschen triffst, kannst du in drei Schritten vorgehen. Frage dich:

1. »Was denke ich wirklich über diesen Menschen? Ist er mir sympathisch oder nicht? Haben meine bisherigen Erfahrungen oder

auch das, was andere mir über ihn erzählt haben, dazu geführt, dass ich ihn bewerte, beurteile oder verurteile?«

2. »Kann ich meine Achtsamkeit ganz auf diese jetzige Begegnung lenken? Kann ich mich so weit öffnen, dass ich mich vielleicht auch überraschen lasse oder bisher Unentdecktes an meinem Gegenüber bemerke? Ist es darüber hinaus möglich, alte Muster abzulegen und mit ihm über andere Dinge zu sprechen oder gemeinsam andere Sachen zu machen als bisher?«
3. Wiederhole bei Begegnungen innerlich außerdem mehrmals folgende Mantras beziehungsweise Kraftsätze:
   - »Es ist okay!«
   - »Du darfst genau so sein, wie du bist.«
   - »Ich akzeptiere und liebe dich so, wie du bist.«

Schritt 3: Lächeln

Der letzte Schritt, um liebevolle Achtsamkeit in die Praxis umzusetzen, heißt: Lächeln. Dabei ist vor allem ein inneres Lächeln gemeint – auch wenn ein Lächeln auf unseren Lippen und in unseren Augen dabei sehr hilfreich sein kann. Im übertragenen Sinn meint »lächeln«, dass wir eine Haltung der Freundlichkeit und Sanftmut einnehmen, dass wir andere ermuntern, unterstützen und ihnen (oder auch uns selbst) innerlich zulächeln.

»Für mich stellen Liebe und Mitgefühl eine allgemeine, universelle Religion dar. Man braucht dafür keine Tempel (...), wenn man einfach nur versucht, ein menschliches Wesen zu sein mit einem warmen Herzen und einem Lächeln, das genügt.«

TENZIN GYATSO, DALAI LAMA XIV.

Ein Lächeln kann die ganze Welt verändern. Zumindest die Welt des Lächelnden. Lächeln entspannt Gesicht, Körper und Seele und erzeugt Freude und Ruhe – sofern es sich um ein echtes Lächeln handelt, das von Herzen kommt. In schönen Augenblicken müssen wir oft ganz automatisch lächeln. Aber warten wir lieber nicht darauf, dass der Zufall uns solche Geschenke schickt: Wir können Lächeln jederzeit als spirituelle Übung praktizieren, wobei es natürlich um die Übung einer inneren Haltung geht und nicht darum, bestimmte Gesichtsmuskeln anzuspannen.

Ein inneres Lächeln, das von Herzen kommt, ist der kleine, aber feine Unterschied, der liebevolle Achtsamkeit von bloßer Achtsamkeit unterscheidet.

Praxis: Aus dem Herzen lächeln

Um den dritten Schritt der liebevollen Achtsamkeit zu üben, kannst du dir ein paar Fragen stellen:

- »Was ist in diesem Augenblick oder an diesem Menschen positiv und schön?«
- »Gibt es etwas, was ich tun kann, um die Situation zu harmonisieren? Braucht jemand gerade meine Hilfe?«

Anschließend kannst du folgende einfache Meditation durchführen, für die du kein Kissen brauchst, da du sie überall einsetzen kannst: Entspanne deine Schultern und dein Gesicht. Wiederhole dann einige Male

- beim Ausatmen: »Ich lasse los.«
- beim Einatmen: »Ich lächle dir aus ganzem Herzen zu und schenke dir meine Zuneigung.«

Wiederhole das einfach einige Male in deinem Atemrhythmus. Wenn du anfangs nichts spürst, macht das gar nichts. Es genügt vollkommen, diese bejahenden Sätze innerlich mehrmals zu wiederholen. Mit der Zeit wird die Wirkung ganz von selbst eintreten. Lass dich überraschen …

Den weißen Wolf füttern

»Aus jedem Tag das Beste zu machen, das ist die größte Kunst.«
HENRY DAVID THOREAU

In unserem Buch *Füttere den weißen Wolf* haben wir deutlich gemacht, dass unser Glück hauptsächlich davon abhängt, ob es uns gelingt, uns auf das Positive und Lichtvolle in uns auszurichten oder nicht. Anhand kleiner Märchen aus aller Welt haben wir gezeigt, wie sehr unsere Grundstimmung unser Leben bestimmt – und auch, wie wir diese Grundstimmung verbessern können.

Die zwei Wölfe
Ein alter Indianer saß mit seinem Enkel am Feuer. „Weißt du, dass es im Herzen eines jeden Menschen zwei Wölfe gibt?", fragte er. Der Junge schüttelte den Kopf. „Nun, da ist ein weißer Wolf, der gütig und liebevoll ist und uns beschützt – und ein schwarzer Wolf, der wütend ist und Hass mit sich bringt. Und ständig kämpfen diese beiden Wölfe miteinander." Der Enkel dachte eine Weile nach. Dann fragte er: „Großvater, welcher der beiden Wölfe wird wohl den Kampf gewinnen?" Der alte Indianer lächelte und sprach: „Der, den du fütterst!"

Positive Gefühle sind Wegbereiter für die Liebe, und sie ermöglichen es uns überhaupt erst, anderen unser Herz zu öffnen. Doch das ist leider leichter gesagt als getan. Schließlich wissen wir alle nur zu gut: Wenn wir nach einem langen, anstrengenden Tag gereizt und geladen nach Hause kommen, können wir manchmal einfach nicht aus unserer Haut. Und dann strapazieren wir nicht nur uns, sondern auch unsere Beziehungen.

Unzufriedenheit und Stress machen Mitgefühl und Güte unmöglich. Wer gestresst ist, der sucht im Außen nach Schuldigen, bei denen er Dampf ablassen kann. Und leider sind das dann meist ausgerechnet die Menschen, denen wir besonders nahestehen – unsere Kinder, unsere Partner oder Mitbewohner.

Positive Gefühle wie Freude, Dankbarkeit oder Heiterkeit begleiten die Liebe nicht nur, sie ermöglichen sie oft erst. Je besser unsere Stimmung ist, desto glücklicher sind wir und desto anziehender wirken wir dann natürlich auf andere. Aber ist das nicht unfair? Wir können schließlich nicht den ganzen Tag gut gelaunt tun, wenn uns eigentlich gar nicht danach zumute ist, oder? Stimmt! Aber darum geht es auch nicht.

Schwierige Gefühle sind kein Problem. Sie gehören zum Leben, und wir können ihnen achtsam und freundlich begegnen. Sie kommen und gehen. Anders sieht es allerdings mit unserer Grundstimmung aus: Die können wir durchaus gezielt beeinflussen, statt sie dem Zufall zu überlassen.

Ständige Sorgen, Angst, Hass oder andere negative Stimmungen engen unseren inneren Raum ein und halten unseren Bewegungsspielraum klein. Wut, Gereiztheit, Niedergeschlagenheit und jede andere chronische Form von emotionalem Stress hindern uns daran, offenherzig, liebevoll und empathisch zu sein. Ist die Quelle vergiftet, kann niemand mehr daraus trinken – und darum ist es wichtig, unseren Geist von Giften zu befreien.

Den Geist auf das Positive ausrichten

»Du schwächst deine Kraft zum Guten durch Gereiztheit, Trübsinn, Abhängigkeit, Unruhe, Verwirrung, Sorge, Neid oder Hass.«

PRENTICE MULFORD

Niemand verbringt seine Zeit gern mit einem Muffel. Menschen, die ständig jammern, sich in ihrer eigenen Haut nicht wohlfühlen und eine schlechte Stimmung verbreiten, sind daher oft einsam. Oder sie ziehen Leute an, die ihre negativen Tendenzen noch weiter verschlimmern.

Wenn dein Geist von Sorgen, Ängsten, Ärger oder Selbstzweifeln verdunkelt ist, bleibt kein innerer Raum für das Licht der Liebe – wo das eine herrscht, hat das andere keinen Platz.

Gute Gefühle fördern ganz von selbst die Fähigkeit, Liebe zu empfinden. Umgekehrt führt eine liebevolle Haltung aber auch automatisch dazu, dass wir uns prima fühlen. Liebe und Mitgefühl sind die stärksten positiven Gefühle, die es gibt.

Glücksforscher haben komplizierte Quotienten errechnet, aus denen sich ablesen lässt, wie hoch unsere Tagesdosis an positiven Gefühlen wie Dankbarkeit oder Zuversicht sein sollte, damit wir ein glückliches und erfülltes Leben führen können. Für alle, die es nicht so mit mathematischen Formeln haben, lässt sich das Ganze auch in sehr einfache Worte fassen (das Ergebnis dürfte ohnehin kaum jemanden überraschen): »Je mehr schöne Gefühle du jeden Tag hast, desto besser.« (Am besten sollten es übrigens mindestens dreimal so viele positive wie negative sein.)

Aber: Belastende Gefühle sind unvermeidbar. Ganz gleich, was viele Motivationstrainer uns weismachen wollen: Es wird immer Gefühle wie Traurigkeit, Wut, Verzweiflung oder Unsicherheit geben, und das ist auch gut so, sonst wäre unser Dasein ziemlich eintönig. Wichtig ist jedoch unsere Grundstimmung, die »Grundharmonie«, die die Sinfonie unseres Lebens bestimmt.

So wie sich die Sonnenblumen auf die Sonne ausrichten, können wir uns auf positive Kräfte wie Liebe, Zufriedenheit, Lebensfreude oder Mitgefühl ausrichten. Unsere Ausrichtung bestimmt den Kurs, auf dem wir segeln. Und auch wenn Stürme oder Strömungen uns vielleicht kurzzeitig vom Kurs abbringen: Solange unser innerer Kompass in die richtige Richtung zeigt, werden wir unseren Weg nicht verlieren.

Die Quelle reinigen – zwei Wege

Manchmal werden wir von unseren Gefühlen geradezu überwältigt: Wenn wir an Depressionen leiden, frustriert sind oder Ängste und Sorgen uns den Schlaf rauben, haben wir den Eindruck, Opfer unserer Gefühle zu sein. Tatsache ist jedoch, dass Gefühle in der Regel nicht aus dem Nichts über uns hereinbrechen. Unsere Gedanken und Denkgewohnheiten beeinflussen unsere Gefühle oder erzeugen sie sogar. Die Macht, die unsere Gedanken auf unser Fühlen und Handeln haben, sollten wir nie unterschätzen. Düstere Gefühle lösen sich am schnellsten auf, wenn wir uns darum bemühen, uns von düsteren Gedanken zu befreien. Zwei Wege helfen uns, Herz und Geist zu reinigen.

1. Das Schädliche meiden

»Der Mensch ist, was er isst.« Und wer fünfmal täglich Sahnetorten und ganze Chipspackungen zu sich nimmt, dem sieht man das nicht nur an, der fühlt sich auch so. »Eure Nahrung soll euer Heilmittel sein«, meinte Hippokrates, der berühmteste Arzt der Antike. Doch was für den Körper gilt, das gilt erst recht für den Geist. Selbst sehr ernährungsbewusste Menschen erkennen selten, wie wichtig es ist, auch den Geist vor schädlicher Nahrung – oder wie es im Buddhismus heißt: vor »Geistesgiften« – zu schützen. Wenn wir unseren Geist auf das Positive ausrichten wollen, müssen wir ihn vor allem erst einmal vor negativen Einflüssen bewahren.

Viele bedrückende und beängstigende Emotionen entstehen allein dadurch, dass wir uns daran gewöhnt haben, geistiges »Junkfood« zu uns zu nehmen. Untersuchungen belegen eindeutig, dass unser Bild von der Welt umso düsterer ist, je mehr Zeit wir vor dem Fernseher oder im Internet verbringen. Auch schätzen wir Risiken im Alltag höher ein, wenn wir uns oft Horrorfilme ansehen oder Thriller lesen. Leicht ist eine »geistige Ernährungsumstellung« allerdings nicht. Sensationen und Schreckensnachrichten verkaufen sich besonders gut. Das wissen Marktstrategen ganz genau. Dem Nervenkitzel, den Darstellungen von Blut und Gewalt erzeugen, kann sich kaum jemand entziehen.

Natürlich werden die wenigsten, die sich Horrorfilme ansehen oder ihre Zeit mit Ballerspielen verbringen, deshalb zu Amokläufern oder entwickeln Angststörungen. Aber: Je öfter wir unseren Geist mit Gewalt und beängstigenden Bildern »füttern«, desto schwerer wird es uns fallen, Lebensfreude, Gelassenheit, Vertrauen und nicht zuletzt auch Mitgefühl in unserem Herzen zu entwickeln. Auch steigt die Wahrscheinlichkeit, dass wir uns rücksichtslos verhalten, andere weniger einfühlsam behandeln oder unachtsamer werden, wenn wir regelmäßig reißerische Nachrichten konsumieren und professionellen Schwarzmalern auf den Leim gehen.

»Das Schädliche meiden« bedeutet insbesondere, dass du deinen Medienkonsum achtsam erforschst und schlechte Gesellschaft meidest. Sofern du nämlich nicht außerordentlich achtsam und liebevoll bist, werden dir nicht nur Medien, sondern auch Menschen, die aggressiv oder pessimistisch sind, viel Energie rauben.

Praxis: Genauer hinsehen

Die folgende Methode hilft dir herauszufinden, ob dir das, was du »zu dir nimmst«, schadet oder nicht: Ganz gleich, ob du ein Buch liest, einen schwierigen Menschen triffst, dir einen Thriller anschaust oder im Internet durch die Nachrichten der Boulevardpresse googelst – frage dich: »Wie gut tut mir das? Was macht es mit mir? Wie fühle ich mich?«

Und frage dich das nicht nur währenddessen, sondern auch eine Weile nachdem du das Buch gelesen, den Film gesehen oder den Menschen getroffen hast. Fühlst du dich wohl und unbelastet, oder hast du eher »Verdauungsprobleme«, die sich in Unruhe, Ängsten, Aggressionen oder Schlafstörungen äußern?

2. Das Hilfreiche fördern

Auf belastende Einflüsse zu verzichten, ist eine einfache Möglichkeit, unseren Geist und unser Herz von Giften zu befreien. Sich dem Positiven zuzuwenden, ist die andere. Da du hierzu in den nächsten Kapiteln noch viele Übungen kennenlernen wirst, wollen wir hier nur das Wichtigste zusammenfassen. Das Risiko, Bekanntes zu wiederholen, gehen wir dabei bewusst sein – nach dem Motto: lieber einmal zu oft als einmal zu wenig.

- Folge deinem Herzen. Lausche, was deine Sehnsucht dir zu sagen hat, und lass dich nicht von den Einwänden aus deinem Kopf daran hindern, lebendig zu sein.
- Triff dich mit Menschen, die dir guttun. Halte Kontakt zu Freunden und Bekannten, die dich inspirieren, statt dich runterzuziehen.
- Probiere neue Dinge aus. Habe den Mut, neue Erfahrungen zu machen, und lass dich nicht von deiner Routine bestimmen.
- Kümmere dich gut um dich selbst. Spüre immer wieder in dich hinein: Was brauchst du im Moment, um dich wohlzufühlen? Gibt es Belastendes, das du loslassen kannst – und zwar am besten jetzt gleich?

Praxis: Was ist hier gerade gut?

Unsere Perspektive bestimmt unser Bild von der Welt. Unser Blickwinkel entscheidet, ob wir uns gut oder schlecht fühlen. Daher ist die große Frage, auf was wir unsere Achtsamkeit lenken: Schauen wir in den Sternenhimmel oder sehen wir nur die staubige, dreckige Straße vor unseren Füßen?

Wir können positive Gefühle fördern, wenn wir uns angewöhnen, unseren Blick für das Positive zu schärfen. Folgende einfache Frage kann dabei sehr hilfreich sein – allerdings ist es wichtig, sie sich auch regelmäßig zu stellen: »Was ist hier gerade gut? Was ist das Positive an dieser Situation, an diesem Menschen?«

Es geht bei dieser Übung nicht darum, »eine große Sache draus zu machen«. Das, was »gerade gut ist«, muss nichts Außergewöhnliches sein: Die Sonne scheint. Der Kaffee schmeckt lecker. Der Kühlschrank ist ausreichend gefüllt. Ich habe keine Schmerzen. Ich bin frei und kann gehen, wohin ich will. Mir ist nicht kalt. Meine Freundin antwortet auf meine SMS ...

Irgendetwas Positives lässt sich immer finden, wenn wir nur genau genug hinsehen.

Zufriedenheit – Die Wurzel des Mitgefühls

Ob Freude, Dankbarkeit, Vertrauen oder Begeisterung: Alle positiven Gefühle helfen dabei, die Liebe in unserem Herzen erblühen zu lassen. Eine besondere Stellung nimmt jedoch die Zufriedenheit ein. Zufriedenheit ist die Grundlage, auf der sich Güte und Mitgefühl erst entfalten können. Auch Buddha hat die Zufriedenheit in seiner Lehrrede über die liebende Güte als notwendige Voraussetzung erwähnt.

**Unzufriedenheit ist ein Zustand des Mangels.
Liebe ist ein Zustand der Fülle. Je unzufriedener
wir sind, desto schwieriger wird es,
uns oder andere zu lieben.**

Solange wir unzufrieden sind, sind wir noch auf der Suche. Das, was ist, ist dann nicht gut genug und soll irgendwie anders und jedenfalls besser sein – ganz gleich ob es sich dabei um Situationen, andere Menschen, das Wetter oder um uns selbst handelt.

Zufriedenheit befreit uns von Unruhe und Rastlosigkeit, und sie befreit uns zudem aus der Illusion, dass wir *erst noch* alles Mögliche ändern oder erreichen müssen, *bevor* wir endlich glücklich sein dürfen. *Erst* müssen wir noch den Richtigen finden, unser Haus abbezahlen, abnehmen oder selbstsicherer werden – und *dann*, dann erst können wir uns um Dinge wie Glück, Liebe oder Mitgefühl kümmern. Das ist natürlich ein Irrtum, wenn auch einer, der leider sehr verbreitet ist. Tatsächlich musst du nämlich auf gar nichts warten!

Du kannst sofort glücklich sein – hier und jetzt.
Um das Glück zu finden, braucht es kein »erst noch«.
Und um die Liebe zu entdecken auch nicht.

Sobald du zufrieden bist, bist du angekommen. Die Suche ist zu Ende. Jetzt kannst du dich hingeben, kannst dich ganz auf diesen Augenblick einlassen, auf dein Gegenüber, auf den heutigen Tag, die Sonne, die Sterne …

Praxis: Drei Schritte in die Zufriedenheit

1. Gib dir die Erlaubnis, *jetzt sofort* zufrieden zu sein. Befreie dich aus der »Erst noch«-Falle. Richte deinen Fokus nicht auf die Zukunft, sondern auf diesen Augenblick.

2. Erkenne Zufriedenheit, wann immer sie da ist. Oft sind es kleine, unscheinbare Augenblicke, in denen wir uns rundum wohlfühlen, unser Dasein mit allen Sinnen genießen und das Gefühl haben, dass alles gut ist und wir nichts tun müssen. Achte besonders auf Momente, in denen du entspannt bist, denn die Wahrscheinlichkeit, dass du dann auch zufrieden bist, ist groß.
3. Erschaffe Zufriedenheit, wenn sie nicht da ist. Lass deine Gedanken an das, was noch zu erledigen, zu erreichen oder zu besorgen ist, los. Atme tief durch und öffne dich für das Gute in diesem Moment. Werde dir darüber bewusst, was in deinem Leben so alles gut läuft.

Mitgefühl im Alltag leben

»Güte im Denken bewirkt Tiefe, Güte beim Geben bewirkt Liebe, Güte in Worten bewirkt Wahrheit.«

LAOZI

Wie können wir Mitgefühl in unserem Alltag leben? Wie können wir uns selbst und anderen liebevoller begegnen? Was können wir tun, damit Liebe irgendwann keine Frage des Zufalls mehr ist, sondern damit ein offenes Herz zu einem Teil unseres Wesens, zu einem Teil von uns wird?

Über Mitgefühl zu lesen kann sehr bereichernd sein. Doch leider führt Lesen allein nur selten zu dauerhaften Veränderungen. Noch weniger können wir die Liebe erzwingen – und das gilt sowohl für die romantische als auch für die spirituelle Liebe. Über das Herz hat der Wille keine Macht.

Wie aber kommt die Liebe dann in unseren Alltag? Die Lösung ist simpel: Wir müssen es einfach tun! Wir müssen immer wieder und regelmäßig lieben oder mit anderen Worten: Wir müssen Liebe und Mitgefühl *üben*. So wie ein Pianist Melodien und schließlich ganze Klavierkonzerte durch Töne erschafft, erschaffen wir die Sinfonie unseres Lebens durch Gedanken, Worte und Taten. Ein Pianist vertraut natürlich nicht auf den Zufall. Er weiß genau, welche Töne er wann, wie lang und wie laut erklingen lassen muss, damit als Ergebnis kein Klangchaos, sondern eine Beethoven-Sonate entsteht.

Durch das, was wir denken, sagen oder tun, können auch wir unsere Welt bewusst gestalten und entweder Chaos oder aber Achtsamkeit, Mitgefühl und Güte in unser Leben bringen.

Der entscheidende Faktor, an dem wir ablesen können, ob Freundschaften, Ehen oder Familienbande zerbrechen oder bestehen werden, ist die Güte, die von Herzen kommt.

Da wir weder Heilige noch Buddhas sind, dürfen wir nicht zu viel erwarten. Wir laufen die einhundert Meter nicht in neun Sekunden, malen nicht wie Picasso, und der Dalai Lama oder andere Erleuchtete fallen eben auch nicht von den Bäumen.

Das Wichtigste ist die *Absicht,* unseren Kindern, Eltern, Freunden oder unserem Partner Liebe zu schenken. Natürlich werden wir trotzdem weiterhin wütend sein, wenn unser Partner uns anlügt, wir werden ungeduldig sein, wenn unsere Tochter das Badezimmer mal wieder blockiert, oder enttäuscht, wenn unsere beste Freundin unsere Verabredung vergessen hat und wir allein vor dem Kino herumstehen. Doch indem wir achtsam sind und uns der festen Absicht, unser Herz nicht zu verschließen, bewusst bleiben, wird die Liebe all diese kleinen »Wunden« heilen. Was immer dann auch in unserem Leben schieflaufen mag – es wird nicht mehr an unseren Grundfesten rütteln. Unsere Absicht zu lieben ist stärker als alle Ärgernisse oder Enttäuschungen.

In diesem Kapitel wollen wir uns nun ganz der Frage widmen, wie wir liebevolle Achtsamkeit im täglichen Leben üben können. *Üben* hat bei uns kein sehr gutes Image. Wer das Wort hört, denkt schnell an Technik und vielleicht auch an Langeweile oder Anstrengung.

Ganz anders ist das im Buddhismus, wo Übung als (Lebens-)Weg angesehen wird. Indem wir Dinge oft wiederholen, dabei Fehler machen, es besser machen, wieder Fehler machen, es wieder besser machen und so weiter, erlernen wir nicht nur neue Fähigkeiten – wir erweitern auch unseren Horizont, lernen uns selbst besser kennen und können uns innerlich weiterentwickeln. Erst recht gilt das, wenn wir Qualitäten wie innere Ruhe, Dankbarkeit oder Liebe üben oder besser gesagt *kultivieren.*

»Durch Übung und nicht durch Regeln lernt man, das Leben und die Kraft richtig anzuwenden.«

Marcus Tullius Cicero

Vorbereitung – Das Herz einstimmen

Bevor ein Geiger die Bühne betritt, stimmt er sein Instrument. Jeder Profimusiker weiß, wie wichtig eine gute Stimmung in der Musik ist, und nimmt sich entsprechend viel Zeit zum Stimmen. Im Folgenden wollen wir dir ein paar Möglichkeiten zeigen, dein Herz zu »stimmen«, denn wenn du verstimmt bist, kannst du natürlich auch nicht mitfühlend sein.

Beginnen wir mit dem Loslassen. Entspannung ist eine wichtige Voraussetzung, um lieben zu können. Angst, Stress und Hektik verschließen unser Herz. Das hat wohl jeder von uns schon erfahren müssen. Wirklich lieben können wir nur, wenn wir entspannt sind. Indem wir loslassen, werden unsere Muskeln locker und unser Herz weit. Es gibt viele Entspannungsmethoden wie Autogenes Training, Progressive Muskelrelaxation oder Yoga – und auch wenn es banal klingt: Entspannung ist äußerst wichtig, und es lohnt sich, Methoden einzusetzen, die Stress langfristig lösen können.

Praxis: Loslassen

Die folgende Übung ist eine sehr einfache, schnelle Entspannungstechnik. Du kannst sie zwischendurch immer wieder einmal anwenden – und vor allem in Momenten, wo du innerlich festhältst oder durch äußere Anforderungen belastet bist, solltest du das auch:

- Wenn möglich, schließe die Augen. Atme tief und langsam durch die Nase ein.
- Halte nun den Atem für etwa fünf Sekunden an. Balle dabei die Fäuste, ziehe die Schultern ein wenig nach oben und beiße die Zähne zusammen.
- Lass dann schlagartig alle Anspannungen im Körper los, während du kräftig durch den Mund ausatmest. Öffne die Fäuste und entspanne deine Hände und dein Gesicht vollkommen.
- Stell dir vor, wie mit dem Ausatmen alle Anspannungen von dir abfallen, so als würdest du einen schweren Wintermantel an die Garderobe hängen oder einen Rucksack voller Steine ablegen. Spüre der Entspannung eine Weile nach.
- Atme nach der Übung noch dreimal durch die Nase ein und aus, lächle und widme dich dann wieder deinem Alltag.

Praxis: Liebevolles Atmen

Das Liebevolle Atmen gehört zu den Kernübungen im MSC (»Mindful Self-Compassion« oder »Achtsames Selbstmitgefühl«) und hilft uns, zu unserer eigenen Mitte zurückzufinden und uns selbst Ruhe und Geborgenheit zu schenken. Obwohl wir Liebevolles Atmen auch mitten im Alltag üben können, empfiehlt es sich vor allem anfangs, die Technik in Form einer Meditation einzuüben:

- Setze dich bequem und aufrecht auf einen Stuhl oder ein Meditationskissen und schließe die Augen.
- Spüre kurz deinen Körper, wie er hier sitzt; lass die Erfahrungen des Tages los und richte deinen Fokus auf den jetzigen Augenblick.
- Konzentriere dich nun auf die Atembewegung. Lenke deine Achtsamkeit auf den Bereich, wo du deinen Atem am besten spüren kannst – vielleicht ist das der Bauch, der Brustkorb oder die Nasenlöcher. Bleibe mit der Achtsamkeit in oder an dieser Körperstelle.
- Spüre, wie dein Atem kommt und wieder geht. Nicht du atmest, sondern es atmet dich. Schaue deinem Atemfluss zärtlich zu, so als würdest du einen kleinen Bach oder ein Kind auf der Schaukel beobachten.
- Achte neugierig und sanft darauf, wie der Atem ein- und ausströmt. Begrüße jedes neue Einatmen wie einen willkommenen Gast und verabschiede jedes Ausatmen ebenso freundlich. Genieße das Gefühl, zu atmen und nichts tun zu müssen. Vielleicht kannst du spüren, wie dein Atem dich sacht bewegt, wie er dich sanft wiegt.
- Immer wenn deine Gedanken abschweifen, wenn du in Tagträume »abrutschst«, innerlich Pläne schmiedest oder Dialoge führst, dann bemerke es einfach. Es wird ständig passieren, und

es ist kein Problem – es ist einfach die Natur des Geistes, Gedanken und Emotionen zu erzeugen. Doch steige nicht in die Gedanken ein, sondern bringe deine Aufmerksamkeit sofort wieder zum Atem zurück – sanft und freundlich.

- Bleibe einige Minuten lang bei dieser Atemmeditation, bevor du die Augen wieder öffnest und die Übung beendest.

Praxis: Liebevolle Augen

Ein Blick sagt mehr als tausend Worte. Blicke können vernichtend sein, sie können Hass, Verachtung oder Gleichgültigkeit ausdrücken, doch ebenso können Blicke auch zärtlich und mitfühlend sein.

Jeden Tag treffen wir Menschen – und fast immer tauschen wir dabei kurz Blicke aus; eine gute Gelegenheit also, Güte und Mitgefühl durch unsere Augen zu anderen strahlen zu lassen. Von den Augen sagt man ja, dass sie das Fenster zur Seele seien. Der andere wird daher auch sofort spüren, ob du ihm gegenüber ablehnend, gleichgültig oder aber mitfühlend eingestellt bist.

So wie du deine innere Haltung verändern kannst, indem du deine Körperhaltung verbesserst, kannst du deine Gemütsstimmung ändern, indem du einen liebevollen Blick entwickelst. Wie das geht, lässt sich technisch leider nicht gut beschreiben. Aber einige Anregungen gibt es schon:

- Beobachte dich einmal genau, wie du ein süßes Baby oder ein kleines Kätzchen anschaust. Ist dein Blick dabei nicht weich und sanftmütig?
- Ein liebevoller Blick kann sich zum Beispiel auch ganz von selbst einstellen, wenn du in die Natur eintauchst, wenn du Vögel, Wolken, einen Sonnenaufgang oder das Meer anschaust.

- Liebevolle Augen sind entspannte Augen. Ein gütiger Blick ist mild, offen und weit.
- Auch Lächeln hilft.
- Experimentiere einfach ein wenig und beobachte dich:
  - »Wie sehe ich in diesem Augenblick auf die Welt?«
  - »Was sagen meine Augen, während ich diesen Menschen ansehe?«
  - »Kann ich meinen Blick öffnen, indem ich mein Herz öffne?«

Spüre, was sich in deinem Körper und in deinen Gefühlen ändert, wenn du Liebe durch deine Augen strömen lässt. Und achte auch einmal darauf, wie die Menschen um dich herum darauf reagieren und wie stark dein Umfeld mit dir in Resonanz geht. Du wirst feststellen, dass liebevolle Blicke keine Einbahnstraße sind, oder um ein bekanntes Sprichwort abzuwandeln: »Wie man in die Welt hineinschaut, so schaut sie heraus.«

Vom Ich zum Du – Den Fokus verlagern

»Im Grunde sind es doch die Verbindungen mit Menschen, die dem Leben seinen Wert geben.«

WILHELM VON HUMBOLDT

Wer anderen hilft, fühlt sich auch selbst gut. Wer sich anderen gegenüber großzügig und wertschätzend verhält, bewirkt Freude und Verbundenheit – sowohl im anderen als auch bei sich. Und wenn wir uns gütig und verständnisvoll verhalten, inspirieren wir dadurch eben auch andere dazu, Güte und Verständnis zu entwickeln.

**Güte schafft Vertrauen und Geborgenheit.
In der Wärme der Sonne öffnen sich die Rosen.**

Egoismus ist eine Falle, in die wir leider alle regelmäßig tappen. In Anlehnung an das biblische Nadelöhr-Gleichnis könnte man jedoch sagen: »Eher geht ein Kamel durchs Nadelöhr, als dass ein Egoist die Magie der Liebe erfahren wird.«

Egoismus sollten wir keinesfalls mit Selbstmitgefühl verwechseln: Egoismus trennt uns von anderen und ist auf den eigenen Nutzen und die Befriedigung egoistischer Wünsche bedacht. Er ist eine Form des Anhaftens – ja in gewisser Weise sogar nur eine andere Bezeichnung für Anhaften. Egoismus ist die Quelle von Gier, Hass und Rücksichtslosigkeit. Im Gegensatz dazu ist Selbstmitgefühl eine Form der liebenden Achtsamkeit; es ist die Fähigkeit, Liebe und Verständnis für das eigene Leiden sowie für alle Freuden und Nöte, die unser menschliches Dasein mit sich bringt, zu entwickeln.

Egoismus verschließt unser Herz. Selbstmitgefühl öffnet es.

Vom Egoismus, der übrigens ganz normal und menschlich, wenn dadurch auch nicht weniger gefährlich ist, kannst du dich durch eine sehr einfache Methode befreien: Verlagere deinen Fokus auf das Du! Achte mehr auf die Menschen, die dir begegnen. Lass deine Gedanken und Sorgen nicht so sehr um deine eigenen Probleme kreisen, sondern öffne dich für das Leben und Leiden anderer. Diese Verschiebung deines Fokus auf das Du führt nicht nur zu einem gütigeren Herzen, sondern löst auch mit einem Schlag einen Großteil deiner Probleme.

In einem psychologischen Versuch mit schwer depressiven Jugendlichen wurden diese dazu angehalten, ehrenamtliche Aufgaben zu übernehmen und beispielsweise Essen an Tafeln auszugeben. Die Wirkung hat selbst die Optimisten unter den Psychologen überrascht. Sie hatten erwartet, dass sich durch die Konzentration auf die Not anderer das Gefühl der Minderwertigkeit und Verlorenheit bei den depressiven Jugendlichen ein wenig bessern würde – doch tatsächlich war der Effekt viel dramatischer, und viele der Jugendlichen konnten sich in kurzer Zeit von ihrer Depression befreien. Bei weitergehenden Untersuchungen an unterschiedlichen Personengruppen zeigte sich, dass eine Verlagerung der Aufmerksamkeit von sich selbst auf andere nicht nur die Stimmung hebt: Sie wirkt auch stressmindernd, löst Konkurrenzdenken auf und hilft dabei, besser in Teams zu arbeiten und gemeinsam effektiver Probleme zu lösen.

**Liebe befreit, doch das gilt nur für die selbstlose Liebe.
Da selbstlose Liebe nicht festhält und sich an nichts
und niemanden klammert, erschöpft sie sich nicht.
Sie wächst und strahlt immer weiter.**

Wenn du selbstlos liebst, befreist du dich von all deinen Erwartungen, Hoffnungen, Befürchtungen und Ansprüchen, die mit dem tatsächlichen oder auch nur möglichen Verhalten anderer zusammenhängen. Und natürlich ist selbstlose Liebe nicht nur für uns selbst befreiend, sie ist auch ein Segen für alle Menschen, denen wir liebend begegnen. Indem wir unseren Fokus wohlwollend und achtsam auf jemand anderen richten, schenken wir ihm das Schönste, was man einem Menschen überhaupt schenken kann: Wir lassen ihn so sein und nehmen ihn genauso an, wie er ist. Oder wie Victor Hugo sagte: »Es gibt nichts, was so schön ist, als um seiner selbst willen geliebt zu werden – oder genauer gesagt trotz seiner selbst.«

Praxis: Liebevoll handeln

Täglich gibt es zahllose Gelegenheiten, unseren Fokus vom Ich zum Du zu lenken und gütig und selbstlos zu handeln. In jeder Begegnung liegt die Chance für unser eigenes Glück und das unserer Nächsten (und auch Übernächsten ...). Im Folgenden sind einige dieser Gelegenheiten aufgelistet. Dabei sind allerdings drei Dinge wichtig:

1. Es handelt sich hier nicht um eine To-do-Liste, sondern lediglich um den Versuch, deinen Blick für all die Möglichkeiten zu schärfen, liebevoll zu handeln.
2. Das Ganze macht nur in einer Haltung der Selbstlosigkeit Sinn. Wenn wir – und sei es auch nur im Hinterkopf – auf Belohnung, Lob oder unser gutes Ansehen aus sind, tappen wir nur wieder in die Ego-Falle.
3. Du solltest langsam anfangen. Wie bei körperlichem Training ist die Dosis auch in der Liebe entscheidend. Für den Anfang genügt es völlig, wenn es dir täglich hin und wieder gelingt, dein Herz zu öffnen.

Liebevoll zu handeln ist ganz leicht. Du kannst es wirklich sehr oft ausprobieren. Beispielsweise indem du

- aufrichtig und ehrlich bist, wenn du mit anderen sprichst,
- zuhörst – und zwar nicht nur mit den Ohren, sondern mit deiner ganzen Aufmerksamkeit,

- öfter einmal jemanden aus ganzem Herzen anlächelst,
- freundliche Worte wählst, andere ermunterst oder auch mal ein Kompliment aussprichst und zugleich auf Spott, Seitenhiebe, Zynismus, Ironie oder Sarkasmus verzichtest,
- auch in Mails, Whats-App- oder Kurznachrichten darauf achtest, freundlich und aufrichtig zu sein,
- soziale Medien nicht zur bloßen Selbstdarstellung nutzt, sondern um Dinge zu posten, die hilfreich und nützlich für andere sind,
- mutig genug bist, deine Dankbarkeit auszudrücken, indem du öfter einmal »Danke« sagst,
- Menschen deine Unterstützung anbietest, auch wenn es nur Kleinigkeiten sind. Das kann heißen, dass du jemandem, der offenbar Schwierigkeiten damit hat, einen Koffer die Treppe zum Zug hinaufschleppst; einer Mutter den Kinderwagen über die Stufe hebst; einem Schüler, der ungeduldig an der Kasse wartet und nur ein Getränk kaufen will, den Vortritt lässt; die Post des Nachbarn annimmst oder einer alten Dame über die Straße hilfst (der Klassiker).

»Im Café« ist der schöne Name für die folgende Übung, er weckt behagliche Bilder. Allerdings könnte sie auch genauso gut »Im Bus«, »Beim Frisör«, »Auf dem Kettenkarussell« oder »In der Powerpoint-Präsentation« heißen. Denn bei dieser Mitgefühlsübung ist es ganz egal, wo du dich aufhältst, solange nur andere Menschen in der Nähe sind. Es kommt hierbei nämlich nur auf eine Sache an: dass du übst, deinen Fokus von dir selbst auf andere zu verlagern.

Durch die Veränderung deiner Blickrichtung wirst du anfangen, jene zu sehen, durch die du bisher hindurchgesehen hast und die Luft für dich waren. Durch liebevolle Achtsamkeit kannst du Menschen, die bis jetzt nur kleine Nebenrollen in deinem Leben hatten, auch einmal die Hauptrolle spielen lassen. Indem du andere, die immer uninteressant und unwichtig für dich waren, in deinen Fokus rückst, öffnest du dein Herz für das Du.

Jeder hat seine Geschichte. Jeder teilt mit uns das gleiche Schicksal, ein Mensch zu sein – mit all den Hoffnungen, Ängsten, Freuden und Leiden, die dazugehören. Und jeder Mensch ist es wert, dass wir ihm unsere Aufmerksamkeit schenken und ihm freundlich begegnen.

Sich für andere zu öffnen und sie durch liebevolle Augen zu sehen, hat einen angenehmen Nebeneffekt: Wir hören auf, ständig um unsere eigenen Probleme zu kreisen, hören auf, zu grübeln und im eigenen Saft zu schmoren. Indem wir unseren Blick weiten, befreien wir uns aus der Enge unserer Selbstbezogenheit.

Praxis: Fokusübung »Im Café«

Ganz gleich ob im Café oder an jedem anderen Ort, an dem du andere Menschen beobachten kannst: Verschiebe deinen Fokus. Suche dir immer nur eine Person aus, die du achtsam beobachtest – einen alten Herrn am Nebentisch, ein kleines Kind, das auf dem Boden spielt, eine Frau, die sich mit ihrer Freundin unterhält …

- Wie wirkt dieser Mensch auf dich, wenn du ihn in einer offenen, freundlichen Haltung betrachtest?
- Kannst du seine Gefühle erraten? Geht es ihm wohl eher gut oder schlecht? Ist er fröhlich, bedrückt, verärgert, gelangweilt, verzweifelt, entspannt oder gestresst? Ist er in sich gekehrt oder offen?
- Was verrät die Körperhaltung dieses Menschen? Kannst du seine Mimik deuten?

- Wenn du ein Gespräch beobachtest: Wie reden die beiden miteinander? In welchem Verhältnis stehen sie wohl zueinander? Wie begrüßen und verabschieden sie sich? Was verraten ihre Gesten?

Diese einfache Übung kann noch spannender werden, wenn du deine Fantasie ins Spiel bringst. Wo kommt der Mensch wohl gerade her, wo wird er nachher hingehen? Lebt er allein oder hat er Familie?

In erster Linie dient diese Übung aber natürlich nicht dazu, sich einen Roman auszudenken, sondern sie hilft dir dabei, deine Aufmerksamkeit zu schulen und mehr Achtsamkeit für andere zu entwickeln.

Wie schon erwähnt, können wir nur das wirklich lieben, was wir auch wirklich *sehen*. Tiefes Verständnis setzt voraus, dass wir sehr genau beobachten und auch zwischen den Zeilen zu lesen versuchen. Durch diese Übung lernen wir, nicht nur Menschen besser zu verstehen, sondern auch die jeweilige Atmosphäre zu erspüren. Ganz wichtig ist dabei jedoch immer, dass wir nicht werten, vergleichen oder beurteilen, was wir wahrnehmen. Wann immer wir unseren Fokus auf andere legen, sollten wir das mitfühlend und gütig tun.

Die folgende Übung ist eine Variante der Liebenden-Güte-Meditation oder Metta-Meditation, die eine der ältesten buddhistischen Praxisübungen ist. Das Ziel dieser Meditation ist es, eine liebevolle, sanftmütige Haltung anderen Menschen und letztlich allen fühlenden Wesen gegenüber zu kultivieren.

Metta ist ein Pali-Begriff, der meist mit »Freundschaft«, »Güte« oder »Liebe« übersetzt wird. In einer seiner Reden vergleicht Buddha Metta mit der Liebe einer Mutter zu ihrem Kind. Metta bietet uns die Möglichkeit, uns von Herz zu Herz mit anderen zu verbinden.

In dieser Meditation üben wir, jeden Menschen ohne Ausnahme anzunehmen und unser Herz für niemanden zu verschließen.

Andere abzulehnen führt nur zu Wut, Verbitterung, Unzufriedenheit oder Einsamkeit. Und wenn wir andere Menschen nicht lieben können, werden andere Menschen auch uns nicht lieben können.

Die Herzmeditation »Mögest du glücklich sein« ist eine der wichtigsten Methoden, um Mitgefühl und Liebe zu entwickeln – vielleicht sogar die wichtigste überhaupt. Normalerweise beginnt man diese Meditation damit, sich selbst Mitgefühl zu schenken. Die Anleitung dazu findest du im Kapitel »Wenn du geliebt werden willst, dann liebe … dich selbst«, und du kannst diese Meditation als Vorbereitung für die folgende nehmen. Hier geht es nun jedoch darum, unseren Fokus ganz auf andere zu richten und ihnen Liebe zu senden.

Schon Herzmeditationen von wenigen Minuten führen bei ungeübten Personen nach kurzer Zeit zu einer positiveren Einstellung gegenüber und einer intensiven Verbundenheit zu anderen Menschen, selbst zu unbekannten – das hat ein psychologisches Experiment an der Stanford University gezeigt. In anderen Studien konnte nachgewiesen werden, dass regelmäßige Herzmeditationen über die Dauer mehrerer Wochen zu einer deutlichen Zunahme positiver Gefühle, zu vermehrter Achtsamkeit, besseren Beziehungen, mehr Zufriedenheit und sogar einem Rückgang körperlicher Beschwerden führen.

Praxis: Herzmeditation II, »Mögest du glücklich sein«

Wir möchten dir empfehlen, die Metta- oder Herzmeditation über einen längeren Zeitraum möglichst täglich zu machen, wobei es genügt, dir dafür fünf bis zehn Minuten Zeit zu nehmen.

Ziehe dich an einen ruhigen Ort zurück und setze dich gerade und doch entspannt hin. Schließe die Augen und versuche, möglichst aufrecht und wach zu sitzen.

Lenke die Achtsamkeit kurz auf deinen Atem – spüre, wie er sanft durch die Nase ein- und ausströmt. Beobachte deinen Atem, ohne ihn zu verändern.

- Hole dir nun zunächst einen Menschen vor dein inneres Auge, der dir sehr nahesteht. Eine gute Freundin, deinen Partner, dein Kind … Stelle dir diesen Menschen möglichst genau vor. Wiederhole dann innerlich folgende Sätze in deinem Atemrhythmus, während du an diesen Menschen denkst:
  - Einatmend denkst du: »Mögest du …«,
  - ausatmend denkst du: »… glücklich und geborgen sein«.
  - Beim nächsten Einatmen denkst du: »Mögest du …«,
  - beim nächsten Ausatmen: »… frei von Leiden und Schmerzen sein«.
  - Dann einatmend: »Mögest du …«
  - und ausatmend: »… friedvoll und heiter sein«.
- Denke jetzt an einen Menschen, der zu deinen Bekannten oder Kollegen, jedoch nicht zu deinen engeren Freunden zählt. Wiederhole die genannten Formeln, während du ihn oder sie in deiner Vorstellung visualisierst.
- Stelle dir dann einen Menschen vor, mit dem du gewisse Schwierigkeiten hast und/oder der dir eher unsympathisch ist. Visualisiere ihn vor deinem inneren Auge und wiederhole die Sätze weiterhin in deinem Atemrhythmus.
- Zuletzt sprichst du innerlich die gleichen Sätze und schickst dein Wohlwollen und dein Mitgefühl diesmal in die ganze Welt hinaus:
  - Einatmen: »Mögen alle Wesen …«,
  - ausatmen: »… glücklich und geborgen sein«.
  - Einatmen: »Mögen alle Wesen …«,
  - ausatmen: »… frei von Leiden und Schmerzen sein«.
  - Einatmen: »Mögen alle Wesen …«,
  - und ausatmend: »… friedvoll und heiter sein«.

Um die Meditation zu beenden, lenkst du deine Aufmerksamkeit kurz auf die Schwere deines Körpers. Atme dann dreimal tief durch, bevor du die Augen wieder öffnest.

Wenn es dir schwerfällt, ein Gefühl der Zuneigung in deinem Herzen zu entwickeln, kann es hilfreich sein, in einem ersten Schritt an ein Wesen zu denken, dass man »einfach lieben muss« – zum Beispiel an ein kleines Kind, eine Katze oder ein Hündchen. Du kannst Kinder oder Haustiere in deiner Vorstellung nutzen, um das Feuer der Liebe in dir zu entfachen. Wenn dieses Feuer erst einmal auflodert, wird es dir leichter fallen, deine Liebe dann auch auf andere Wesen auszudehnen. Und natürlich kannst du die Meditation auch damit beginnen, dass du dir selbst wünschst, glücklich und geborgen, frei von Leiden und Schmerzen, friedvoll und heiter zu sein.

Berührung mit Gefühl

»Die Seele ist da,
wo sich Innenwelt und Außenwelt berühren.«

NOVALIS

Um unser Mitgefühl zum Ausdruck zu bringen, müssen wir niemanden berühren. Die Güte, die von Herzen kommt, wirkt ganz ohne Worte und braucht auch keinen Körperkontakt. Ein strahlendes Herz ist die Folge einer inneren Haltung, nicht einer äußeren Aktion.

Und doch: Körperberührungen bieten uns einen sehr direkten und schnellen Weg, andere Menschen auch in ihrer Seele zu berühren. In unserem Kulturkreis ist es eher selten, dass Erwachsene sich berühren. Abgesehen von frisch Verliebten, die förmlich aneinander festzukleben scheinen, kann man zwischenmenschliche Berührungen vor allem bei (meist weiblichen) Teenagern in ihrer Peergroup oder zwischen Müttern und ihren Babys beobachten (wobei so manch eine Mutter ihr Smartphone heute häufiger zu berühren scheint als ihr Kind). Doch was ist mit all den anderen?

Jeder Mensch sehnt sich im Grunde danach, berührt zu werden – nicht nur Verliebte. Schon im Mutterleib sind wir körperlich eng mit unserer Mutter verbunden und spüren ihren Herzschlag. Kaum dass wir auf die Welt kommen, nehmen wir den ersten Kontakt zum Außen durch unsere Haut auf, wenn wir von unserer Mutter gestreichelt und gestillt werden.

Berührungen sind für jeden Menschen eine elementare Form der Kommunikation. Durch sie spenden wir Trost, Wärme und bringen unsere Verbundenheit zum Ausdruck – und zwar auch außerhalb der Partnerschaft.

Auch und vor allem im digitalen Zeitalter brauchen wir Berührungen und sehnen uns nach Nähe. In jeder deutschen Großstadt gibt es daher inzwischen »Kuschelgruppen«, in denen Menschen sich berühren, und diese Abende sind sehr gut besucht. Mit Erotik hat das Ganze nichts zu tun. Auch wenn Erotik schlecht ohne Berührung auskommt, ist Berührung umgekehrt ohne Erotik möglich.

Die Berührung, die von Herzen kommt, hat nichts mit Erotik zu tun. So wie die Liebe einer Mutter sich darin zeigt, dass sie ihr Kind umarmt und hält, können wir unser Mitgefühl ausdrücken, indem wir andere achtsam berühren, sofern das die Umstände und die Art unserer Beziehung zum anderen erlauben.

Durch eine sanfte, achtsame Berührung können wir ein weinendes Kind trösten oder einen verängstigten Erwachsenen beruhigen. Die Berührung durch einen liebevollen Menschen hat heilende Wirkung und stärkt anderen den Rücken. Herzliche Umarmungen, das konnten Studien nachweisen, bewirken die Ausschüttung von Oxytocin und Serotonin – Hormonen, die unsere Stimmung heben, Depressionen entgegenwirken und das Vertrauen sowie die Bindung zwischen Menschen stärken. Streicheleinheiten für den Körper sind also zugleich immer auch Streicheleinheiten für die Seele.

Nichts verbindet uns so innig mit anderen wie Körperkontakt. Die Magie der Berührung kann sich schon in einer flüchtigen Umarmung entfalten. So, wie wir Liebe durch unsere Augen strahlen lassen können, können wir sie auch durch eine Berührung zum anderen fließen lassen – allerdings nur, wenn wir achtsam sind und unser Herz öffnen.

Es gibt viele Möglichkeiten, unser Wohlwollen durch unseren Körper zum Ausdruck zu bringen. Beispielsweise können wir Freunde zur Begrüßung umarmen, unsere Kinder auf dem Schoß halten, solange sie klein sind, oder sie in den Arm nehmen, wenn sie älter werden. Wir können unserem Partner den Rücken streicheln, einem Kollegen aufmunternd auf die Schulter klopfen, einem besorgten Freund die Hand auf den Arm legen oder einfach unsere Katze streicheln.

Berührungen wirken immer heilend. Wir sollten keine Angst vor körperlicher Berührung haben, denn sehr viele von uns sehnen sich nach mehr Kontakt zu ihren Mitmenschen. Wichtig ist aber, einfühlsam zu sein und Grenzen zu beachten. Nicht jeder wird gern berührt (oder vielleicht eben nicht gern von uns berührt). Durch Empathie und Achtsamkeit können wir die Grenzen eines anderen jedoch schnell in seiner Körperhaltung und Gestik wahrnehmen.

Praxis: Berührungen in Achtsamkeit

Umarmungen und andere Berührungen sind an sich schon eine wunderbare Art, anderen unser Mitgefühl zu schenken. Allerdings können wir die magischen Wirkungen noch um ein Vielfaches steigern, wenn wir andere *in liebevoller Achtsamkeit* berühren:

- Ganz gleich ob du eine Freundin oder deine Mutter umarmst, einem kranken Menschen die Hand hältst, dein Kind tröstest oder deinen Hund streichelst: Wen auch immer du berührst – mach den Kontakt zu ihm zu der wichtigsten Sache in deinem Leben; lenke deine ganze Aufmerksamkeit auf diesen Augenblick der Begegnung.
- Spüre dich auch selbst, während du andere berührst: Spüre deinen Körper, achte auf deinen Atem; atme entspannt und entspanne auch deinen Körper so gut es geht, denn Verspannungen blockieren jede Berührung.
- Spüre den Körper des anderen. Wie fühlt sich die Berührung an? Was sagt dein Tastsinn? Wie verändern sich deine Gefühle?
- Verwandle die körperliche Berührung auch in eine geistige. Zum Beispiel dadurch, dass du dem anderen innerlich einen wohlwollenden Wunsch schickst, während du ihn berührst, wie etwa: »Mögest du glücklich sein.«
- Verzichte auf oberflächliche Berührungen ohne innere Substanz. Wenn du zerstreut bist, an Dinge denkst, die du noch erledigen

musst, oder mit Wertungen über den anderen beschäftigt bist, wird euch auch eure Berührung nicht wirklich berühren.

- Zusammengefasst: Spüre dich selbst, spüre den anderen und spüre eure Verbundenheit. Auch eine flüchtige Berührung kann einen tief greifenden Eindruck hinterlassen, wenn sie in einer Haltung der Dankbarkeit und Freude darüber, gemeinsam lebendig und im Jetzt verbunden zu sein, stattfindet.

Wenn du Angst vor Berührung hast

Berührungen schenken uns ein Gefühl von Wärme, Nähe und Vertrauen. Sie haben heilende Wirkungen, denn sie stärken unser Immunsystem, harmonisieren den Blutdruck, senken Entzündungswerte und auch das Risiko, chronischen Erkrankungen zum Opfer zu fallen. Nicht umsonst sind Menschen, die in engen Bindungen leben, im Allgemeinen auch gesundheitlich stabiler – und sie leben nachweislich länger als Einzelgänger.

Trotzdem haben auch viele von uns Angst vor Berührungen. Und dafür gibt es oft gute Gründe: Wenn unsere Mutter oder eine andere wichtige Bezugsperson uns als Baby lieblos und abweisend behandelt hat, kann das tragische Folgen für unsere spätere Beziehungsfähigkeit und Berührungslust haben. Haben wir als Kinder nie die Chance bekommen, Nähe zu erfahren und Vertrauen zu entwickeln, dann tun wir uns natürlich auch später schwer, loszulassen und uns berühren zu lassen. Gewalterfahrungen und sexueller Missbrauch in der Kindheit wiegen sogar so schwer, dass es nur noch mit professioneller Hilfe, mit viel Geduld und Selbstmitgefühl gelingen wird, die Angst vor körperlicher Nähe mit der Zeit wieder aufzulösen.

Nicht zuletzt können aber auch unsere einschränkenden Glaubenssätze schuld daran sein, dass wir unseren Körper und damit auch jegliche Berührung ablehnen – etwa wenn wir uns einbilden, nicht liebenswert zu sein oder gar abstoßend auf andere zu wirken.

Sich zu öffnen fällt den meisten von uns nicht leicht. Aus verständlichen Gründen wollen oder müssen wir uns schützen und unsere Grenzen wahren. Doch die Grenzen, die uns umgeben, sind keine Panzer. Sie sind flexibel und dehnbar, und wir können selbst wählen, wann es gut ist, zuzumachen, und wann es vielleicht wichtiger wäre, wieder ein Stück aufzumachen.

Liebevolle Achtsamkeit zwingt dich zu nichts. Im Gegenteil: Sie bietet dir die Chance, dich zu befreien – zum Beispiel aus Zwängen, die du dir zu irgendeinem Zeitpunkt deines Lebens selbst auferlegt hast und die jetzt unnötig und hinderlich geworden sind. Nun ist Mitgefühl ja in erster Linie eine spirituelle Kraft. Wenn du also Angst vor Berührung hast, dann erzwinge sie nicht – du kannst dein Herz auch so öffnen.

Durch Selbstmitgefühl und Selbstfürsorge (siehe Kapitel »Wenn du geliebt werden willst, dann liebe … dich selbst«) kann sich das Verhältnis zu deinem Körper allerdings schon bald verwandeln. Und wenn du dich selbst besser spüren und liebevoller annehmen kannst, wirst du früher oder später ganz von selbst »kontaktfreudiger« und offener für andere werden.

Praxis: Sich für alltägliche Berührungen öffnen

Die folgende Übung eignet sich gleichermaßen für berührungsfreudige Menschen als auch für Berührungsscheue. Nutze deinen Tastsinn, um dich bewusst von der Welt berühren zu lassen. Oder nutze alltägliche Berührungen, um dich selbst achtsamer wahrzunehmen und »aufzumachen«:

- Wenn eine Katze um deine Beine streicht …
- Wenn du die Kleidung auf deiner Haut spürst …
- Wenn unter der Dusche warmes Wasser deine Haut berührt …
- Wenn du umarmt wirst …
- Wenn dein Rücken die Stuhllehne berührt …
- Wenn du im See schwimmst …
- Wenn du in der Sonne liegst und den Wind spürst …
- Wenn du barfuß durch eine Wiese gehst …
- Wenn du dir die Beine oder Hände eincremst …
- Wenn du dir mit dem Handtuch über den Rücken rubbelst …

… dann lenke deine Achtsamkeit ganz auf die Berührung. Spüre deine Haut, spüre den Kontakt zwischen deiner Haut und dem Außen. Was bewirkt die Berührung? Wie fühlst du dich, während du berührt wirst oder dich selbst berührst? Was kannst du über deinen Tastsinn alles wahrnehmen?

Jeder Kontakt mit Gegenständen oder Lebewesen bietet dir die Möglichkeit, dich der jeweiligen Berührung freundlich und wohlwollend zuzuwenden. Indem du deine Körpergrenzen achtsam wahrnimmst, kannst du dabei sowohl nach innen als auch nach außen spüren.

Je mehr du spürst und fühlst, desto lebendiger und glücklicher wirst du sein. Je offener deine Sinne sind, desto sinnvoller wird dir dein Leben erscheinen.

Praxis: Kontakt zur Herzenswärme aufnehmen

- Lege die Handflächen auf die Mitte deiner Brust. Schließe die Augen. Lass den Atem kommen und gehen. Mit jedem Ausatmen kannst du versuchen, den Körper mehr und mehr zu entspannen.
- Lenke deine Achtsamkeit dann auf die Hände. Spüre deine Brustmitte mit den Händen ... und dann spüre umgekehrt mit der Brust, wie sich der Kontakt mit den Händen anfühlt. Wechsle einige Male mit deiner Achtsamkeit hin und her.
- Lass deinen Atem weiterhin frei strömen und schicke dir selbst Freundlichkeit und Mitgefühl. Dazu kannst du dir innerlich mehrmals folgende Sätze sagen: »Möge ich glücklich sein. Möge ich glücklich und geborgen sein.«
- Nimm nun innerlich Verbindung zu deinem Herzen auf – nicht zu deinem anatomischen, sondern zu deinem spirituellen Herzen, deiner Herzenswärme. Wenn es hilfreich für dich ist, kannst du dir dazu vorstellen, dass in der Mitte deiner Brust ein goldenes Licht oder eine kleine Sonne strahlt. Lass die Strahlen von hier aus immer größer werden und in deinen Körper scheinen.
- Lass die Sonne in deinem Herzen dann auch nach außen strahlen – erst in den Raum hinein und schließlich in die ganze Welt hinaus.
- Wenn du möchtest, kannst du innerlich begleitend folgende Sätze sprechen: »Die Wärme meines Herzens nährt mich. Ich lasse diese Wärme ausnahmslos zu allen Menschen fließen, denen ich begegne.«

Bei dieser Meditation geht es nicht darum, etwas zu wollen oder zu erzwingen. Je entspannter du dabei bleibst, desto besser. Es genügt vollkommen, die Achtsamkeit freundlich auf die Mitte deiner Brust zu lenken. Alles Weitere kannst du dann getrost dem Universum überlassen.

Alles, was wir in unserem Leben erfahren, erfahren wir durch unsere Sinne. Im Gegensatz zum Sehen oder Hören spielt das Spüren in unserer Wahrnehmung keine so große Rolle. Dabei bietet uns das Spüren, Tasten, Fühlen und Berühren endlose Möglichkeiten, uns verbunden und lebendig zu fühlen. »Weniger denken, mehr spüren« – so lautet ein einfaches Rezept, um zur Ruhe und Gelassenheit zu finden, Sorgen, Ängste und Grübeln abzustellen und im wahrsten Sinne des Wortes wieder in Berührung mit dem Leben zu kommen.

In jeder Berührung liegt die Chance, uns mit der Welt, die uns umgibt, zu verbinden, Vertrauen und Mitgefühl zu entwickeln und unsere innere Heimat wiederzufinden.

Ob du nun Menschen oder Dinge berührst – immer hast du die Wahl, das unachtsam und flüchtig oder aber achtsam und mit ganzem Herzen zu tun. Und wie du dir denken kannst, wollen wir dich dazu einladen, dich für die letztere Möglichkeit zu entscheiden.

Vielleicht erscheint es dir ohnehin selbstverständlich, präsent und mitfühlend zu sein, wenn du andere berührst, jemanden umarmst oder beispielsweise den körperlichen Kontakt zu deinem Partner genießt. Und an sich sollte das ja auch selbstverständlich sein. Weniger offensichtlich ist jedoch, dass wir auch dann eine freundliche, wohlwollende Haltung einnehmen können, wenn wir Gegenstände anfassen.

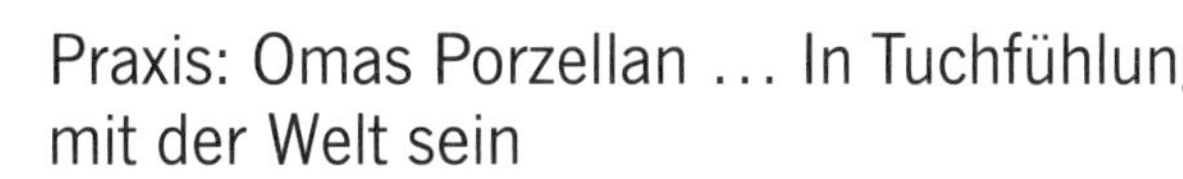

Praxis: Omas Porzellan … In Tuchfühlung mit der Welt sein

Wenn wir Omas kostbares Porzellan aus dem Schrank holen, um edle Gäste zu bewirten, werden wir die Teekanne sicher sehr achtsam und respektvoll berühren. Doch auch wenn wir den Tisch nur mit billigem Geschirr aus dem schwedischen Möbelhaus decken, macht es einen großen Unterschied, *wie* wir das machen – achtsam oder unachtsam, gehetzt oder langsam und liebevoll.

Die Qualität jeder Berührung entscheidet sich allein in unserem Geist und nirgendwo sonst. Ob du eine Hose berührst, die du aus dem Kleiderschrank holst, eine Zeitung, die auf dem Tisch liegt, dein Fahrrad in die Garage schiebst, einen Salatkopf oder dieses Buch in den Händen hältst: Berühre die Dinge achtsam – so wie du wertvolles Porzellan berühren würdest. Richte deinen Fokus ganz auf deinen Tastsinn: Wie fühlt sich der Gegenstand an? Wie schwer ist er? Ist er warm oder kalt, weich oder rau, aus welchem Material besteht er?

Durch Berührungen werden Gefühle ausgelöst. Du wirst bemerken, dass jede Berührungsempfindung unterschiedliche Gefühle bewirken kann. Durch liebevolle Achtsamkeit kannst du jede noch so gewöhnliche, kleine Alltagsberührung zu einem kostbaren Augenblick werden lassen, der dich auch innerlich berühren wird.

»Achte auf das Kleine in der Welt,
das macht das Leben reicher und zufriedener.«

Carl Hilty

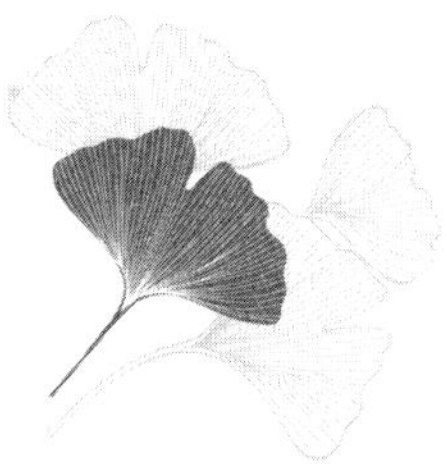

Wenn du einsam bist

»Gibt es denn eine Welle,
die für sich allein ist im Ozean?«
Aus China

Wir alle sehnen uns danach, geliebt zu werden und mit anderen verbunden zu sein. Doch niemand spürt diese Sehnsucht wohl so schmerzliche wie Menschen, die einsam sind. Psychologen bezeichnen Einsamkeit inzwischen als die neue Volkskrankheit – und diese Volkskrankheit hat fatale Folgen, nicht nur für unser seelisches und körperliches Wohlbefinden, sondern auch für den Zusammenhalt in der Gesellschaft.

Das Gefühl, überflüssig und ungeliebt zu sein, die innere Leere und das Gefühl, »von allen guten Geistern verlassen« zu sein, kennen wir wohl alle. Und je schlechter wir uns selbst fühlen, desto wahrscheinlicher wird es, dass wir uns immer mehr von anderen abkapseln, bis wir schließlich vollends im Teufelskreis von innerem Rückzug und äußerer Isolation feststecken.

Kurze Phasen der Einsamkeit, in denen wir uns allein fühlen und auf uns selbst zurückgeworfen sind, sind ganz normal und auch wichtig für uns. Nach längerer Krankheit, nach einem Umzug oder wenn wir plötzlich unseren Job oder unseren Partner verlieren, hilft uns der Rückzug in uns selbst dabei, uns neu zu orientieren. In diesen Zeiten ist es wichtig, dass wir innehalten, um nach alternativen

Wegen Ausschau zu halten und unserem Leben eine neue Richtung zu geben.

So wichtig Phasen der Einsamkeit in unserem Leben auch sind: Sobald Einsamkeit zum Dauerzustand geworden ist, wird es Zeit, die Tür zu unserem Herzen weit zu öffnen und gezielt Mitgefühl und Liebe zu kultivieren.

Es kommt leider gar nicht selten vor, dass Phasen der Einsamkeit Monate oder gar Jahre andauern. Je länger du dich aber einsam fühlst, desto schwieriger wird es, wieder Kontakt zu anderen aufzunehmen. Und wenn du dich zurückziehst und dich anderen gegenüber verschließt, wird es auch für sie immer schwerer, einen Weg zu dir zu finden. Dann hilft nur noch eines: Du musst versuchen, anderen die Hand zu reichen und eine Brücke von Herz zu Herz bauen, indem du mit dir selbst und allen anderen Menschen um dich herum besonders einfühlsam und mitfühlend umgehst.

Zeit der Einsamkeit

Einsamkeit und Isolation sind kein Problem, das nur ältere Leute betrifft. Immer öfter sind es Menschen mittleren Alters und sogar Teenager, die das Gefühl haben, von der Welt abgekapselt zu sein, überflüssig, allein und innerlich leer. Rund 17 Prozent der jungen Menschen zwischen achtzehn und neunundzwanzig fühlen sich laut einer repräsentativen Umfrage einsam. Und in Großbritannien wurde 2017 bereits die erste »Ministerin für Einsamkeit« ernannt.

Chronische Einsamkeit betrifft Menschen in allen Lebensphasen. Gründe für die zunehmende Vereinsamung gibt es viele:

- Eine Menge Ehen zerbrechen und hinterlassen Alleinstehende, die dann zwar manchmal, aber durchaus nicht immer einen neuen Partner finden.
- Schon Kinder verbringen einen Großteil ihrer Zeit lieber am Computer oder Smartphone, statt mit Freunden zu spielen. Manche Jugendliche beklagen sich darüber, dass sie sich in der wirklichen Welt kaum noch mit Gleichaltrigen verabreden können, weil die inzwischen komplett in die digitale Welt ausgewandert sind. Dass man gemeinsam an den See fährt, mit Freunden ins Kino oder zusammen zum Sport geht, ist heute im Gegensatz zu früher keine Selbstverständlichkeit mehr.
- Gerade unter Teenagern ist das Gefühl, keinen mehr zum Reden zu haben, weit verbreitet. Was nützen zweihundert Social-Media-Freunde, wenn wir niemanden haben, mit dem wir mal ein Eis essen oder etwas trinken gehen können?
- In Deutschland lebt fast jeder Dritte in einer Großstadt, was auch nicht gerade dazu beiträgt, enge und mitfühlende Beziehungen zu entwickeln. Je mehr Menschen neben, unter und über uns wohnen, desto weniger wissen wir noch, wer unsere Nachbarn sind. In der Anonymität der Großstadt hat schon manch einer den Kontakt zu seinen Verwandten und alten Freunden verloren.
- WhatsApp, SMS, E-Mails … moderne Kommunikationsmittel ermöglichen es uns, mit aller Welt in wenigen Sekunden in Kontakt zu treten. Meist beschränkt sich der Kontakt allerdings darauf, einer Tastatur einige wenige Buchstaben zu entlocken. Was wir dadurch verlieren, das ist die Bereitschaft, uns

mit anderen zu treffen, ihnen von uns zu erzählen und ihnen zuzuhören, wenn sie von sich erzählen.

Einsame Menschen leben oft in der Angst, nicht liebenswert zu sein oder abgelehnt zu werden. Oder sie glauben fest daran, dass man einen Partner braucht, um sich vollständig zu fühlen, und fühlen sich entsprechend mangelhaft, wenn sie keinen haben.

Und hier kommen wir den tieferen Ursachen für die zunehmende Einsamkeit schon näher. Es stimmt einerseits schon: Das Leben in der Stadt, mehr und mehr Scheidungen, eine wachsende Anzahl alter, alleinstehender Menschen und die zunehmende Digitalisierung machen es schwerer, sich mit anderen verbunden zu fühlen. Doch andererseits gibt es auch mehr als genug Menschen, die sich von ihrem Partner getrennt haben, die älter sind, die in einer Stadtwohnung leben, ihr Smartphone ausgiebig nutzen – und die trotzdem nicht einsam sind und sogar einen großen Freundeskreis haben. Doch bevor wir uns die tieferen Ursachen für die Vereinsamung genauer ansehen, wollen wir noch kurz einen Blick darauf werden, was Einsamkeit mit uns macht.

Wenn Einsamkeit krank macht

»Ohne Gemeinschaft ist Glück unmöglich.«

LUCIUS ANNAEUS SENECA

Einsamkeit schadet Körper und Seele. Wer in sozialer Isolation lebt, kann sein ganzes Potenzial nie ganz entwickeln. Für ein glückliches, erfülltes Leben brauchen wir Nähe und eine mitfühlende Beziehung zu wenigstens einer Person. Gerade bei älteren Menschen kann sich Einsamkeit verheerend auf die Gesundheit auswirken, und sie erhöht das Sterberisiko signifikant. Wenn wir uns allein fühlen, geraten unser Hormonhaushalt und unser Nervensystem aus der Balance.

An sich ist es aber gar nicht so sehr die Einsamkeit, als vielmehr eine damit einhergehende pessimistische, negative Lebenseinstellung, die unter anderem Schlafstörungen, Depressionen, Bluthochdruck, Diabetes oder Herzkreislauferkrankungen begünstigt. Hingegen wirken Mitgefühl und Selbstmitgefühl wie Balsam auf unsere Körperchemie. Gute soziale Kontakte fühlen sich nicht nur befriedigend an, sie sind sogar gesund.

Ist Einsamkeit eine Wahl?

Uns ist natürlich bewusst, wie provozierend diese Frage klingt. Als ob wir irgendetwas dafür könnten, dass uns kein Mensch anruft und sich scheinbar niemand für uns interessiert! Vielleicht waren wir ja schon als Kinder Außenseiter, die gehänselt wurden und mit denen niemand spielen wollte. Und auch die bereits erwähnten Faktoren – die Single-Gesellschaft, die Alterung der Gesellschaft, die Anonymität der Großstadt oder die zunehmende Digitalisierung – spielen sicher eine Rolle. Viele Einflüsse können dazu beitragen, dass wir uns allein und verlassen fühlen. Niemand entscheidet sich bewusst dafür, einsam zu sein. Dennoch sollten wir uns eine wichtige Frage stellen:

»Wer zwingt mich eigentlich dazu, einsam zu sein? Wer zwingt mich, niemanden anzurufen, nicht aus dem Haus zu gehen und niemanden anzusprechen?«

Würden wir die universelle Verbundenheit erkennen, die jeden von uns innerlich mit jedem anderen Menschen verbindet, so würden wir uns sicher nie wieder einsam fühlen. Wie aber können wir die Illusion, von unserer Umwelt abgetrennt und isolierte Wesen zu sein, überwinden?

Es hilft nicht viel, darüber zu lesen oder nachzudenken, denn es gibt nur einen Weg, um uns aus innerer Einzelhaft zu befreien: Wenn wir geliebt werden wollen, müssen wir selbst lieben. Wenn wir einen guten Freund oder eine gute Freundin gewinnen wollen, müssen wir versuchen, selbst ein guter Freund beziehungsweise eine gute Freundin zu sein.

Was immer du bisher in deinem Leben gedacht, gesagt oder getan hast: Wenn es dich einsam gemacht hat, dann ändere deinen Kurs. Vielleicht hast du zu viel Zeit damit verbracht, deine eigenen Ziele zu verfolgen oder um deine eigenen Probleme zu kreisen – dann beginne jetzt damit, mehr auf andere zuzugehen. Vielleicht hast du bis jetzt gedacht, dass du nicht liebenswert oder wertvoll bist – dann glaube uns: Du bist liebenswert und wertvoll! Jeder Mensch ist das. Wenn du einmal erkennst, dass du genauso, wie du bist, schon vollkommen bist und zu deiner Einzigartigkeit stehen kannst, wird es dir auch leicht fallen, mit anderen Kontakt aufzunehmen.

Wenn du einsam bist, dann liebe, oder besser gesagt: Zeige deine Liebe, bringe deine Zuneigung zum Ausdruck! Oft sind einsame Menschen nämlich sehr liebevoll, nur haben sie bisher nicht herausgefunden, wie sie ihre Liebe (mit-)teilen können. Durch die Praxis der liebevollen Achtsamkeit können wir das jedoch nach und nach entdecken.

Begegne allem, was ist, mit einer wohlwollenden Haltung. Begegne dir selbst und begegne deinem Leben in Güte.

Liebevolle Achtsamkeit schließt Trauer, Schmerz und das Gefühl der Einsamkeit mit ein. All das darf da sein. Du musst nichts verdrängen, sondern nur anerkennen, was ist. Sei wach und bewusst im gegenwärtigen Augenblick. Öffne deine Sinne – und was immer sich dir zeigt: Schaue, lausche, erspüre es.

Um das Gefühl der Einsamkeit zu überwinden, kannst du dir regelmäßig ein wenig Zeit für deine Geistesschulung nehmen: Setze dich hin, schließe die Augen und praktiziere »Liebevolles Atmen« (siehe Kapitel »Mitgefühl im Alltag leben«) und/oder eine der beiden Herzmeditationen (siehe Kapitel »Wenn du geliebt werden willst, dann liebe … dich selbst« und »Mitgefühl im Alltag leben«). Beobachte, wie sich deine Gefühle und deine Beziehungen zu anderen Menschen dadurch verändern. Manchmal öffnet sich die Tür zu anderen sehr plötzlich und völlig unerwartet, und manchmal dauert es auch seine Zeit. Lass dich überraschen.

Abschied vom Schneckenhaus

Im Zustand der Einsamkeit fühlen wir uns wie gefangen. Die Einzelzelle, in der wir festsitzen, befindet sich jedoch einzig und allein in unserem Kopf, denn wir sitzen ja zum Glück nicht wirklich im Gefängnis. Dennoch ist der Ausbruch aus der inneren Isolation durchaus mit dem Ausbruch aus einem richtigen Gefängnis vergleichbar. Auch hier müssen wir das vor allem einmal wollen; und dann müssen wir die Initiative ergreifen und Energie aufwenden, um uns zu befreien.

Gitterstäbe aus Metall lassen sich gut mit einer Feile und etwas Ausdauer beseitigen. Um uns von den Gitterstäben in unserem Kopf und unserem Herzen zu befreien, brauchen wir ebenfalls etwas Ausdauer, vor allem aber eine Feile aus Mitgefühl, Achtsamkeit und Mut.

Wer einsam ist, neigt zu Depressionen. Und wer depressiv ist, fühlt sich auch einsam. Womit wir bei der Frage wären: Was kam zuerst – das Huhn oder das Ei? Ist die Einsamkeit schuld daran, dass wir uns niedergeschlagen fühlen, oder ist es umgekehrt? Ehrlich gesagt: Das ist völlig egal, denn die Heilmittel sind in beiden Fällen die gleichen.

Mach dir zuallererst deine eigene Macht bewusst

Es ist dein Geist, der deine Welt erschafft. Solltest du einsam sein oder unter depressiven Verstimmungen leiden, dann hat das sehr viel mit dir selbst zu tun – ja man könnte sogar sagen: alles! Du *machst* die Einsamkeit. Du *machst* die Verzweiflung. Was du über dich selbst und die Welt denkst, hat einen enormen Einfluss auf deine Erfahrungen.

Das heißt nun nicht, dass du für deine Gedanken verantwortlich wärst, denn die führen ein Eigenleben und verhalten sich oft wie wilde Pferde. Doch wie viele Pferde auch durch deinen Geist galoppieren – reite nicht auf ihnen. Lass sie einfach weiterlaufen.

Deine Gedanken könnten dir sagen, dass du nicht liebenswert bist, dass du nie wieder einen Partner finden wirst, dass du selbst schuld daran bist, wenn dich niemand mag, weil du auch wirklich alles falsch machst und auch wirklich gar nichts kannst … Weißt du was? Lass sie reden, aber glaube den Unsinn bloß nicht. Gib diesen

Gedanken keine Nahrung. Mit anderen Worten: Füttere nicht den schwarzen Wolf in dir! Lass los, verlagere deinen Fokus auf andere Menschen und praktiziere liebevolles Atmen oder die Herzmeditationen (siehe Kapitel »Wenn du geliebt werden willst, dann liebe … dich selbst« und »Mitgefühl im Alltag leben«).

Schweigen ist Silber, reden ist Gold

Gehe auf andere zu – sprich mit ihnen! Wir können nicht mit anderen Menschen in Berührung kommen, wenn wir nicht mit ihnen kommunizieren. Übe dich in Small Talk. Es geht nicht darum, gleich philosophische Gespräche zu führen. Von Belanglosigkeiten wie dem Wetter gelangt man schnell zu kleinen Gesprächen, in denen wir anderen zeigen können, dass wir uns für sie interessieren. Vielleicht können wir jemandem auch einmal etwas über uns erzählen – aber in Maßen. Einsame Menschen neigen dazu, zu viel von sich (und ihren Leiden) zu erzählen, und schrecken dadurch andere ab. Probiere es einmal mit der 1:2-Regel: Lass deinen Gesprächspartner mindestens doppelt so viel von sich erzählen, wie du von dir selbst erzählst. Wenn du mehr zuhörst als sprichst, wirst du ein interessanter Gesprächspartner sein, mehr über die Menschen erfahren und dich stärker mit ihnen verbunden fühlen. Es ist keine gute Idee, wenn wir anderen gleich unsere Lebensgeschichte erzählen, sondern besser irgendeine Kleinigkeit, etwas, was wir kürzlich erlebt haben oder was uns gerade beschäftigt. An jeder Ecke können wir üben, andere anzusprechen. Und was soll schon passieren, außer dass sie gerade keine Lust oder Zeit zum Reden haben – wenn schon … Solange wir in liebevoller Absicht handeln, ist das alles kein Problem.

Erwarte nicht zu viel von anderen

Je höher deine Erwartungen sind, desto häufiger wirst du enttäuscht werden. Andere Menschen sind eben auch nur Menschen, und nur selten wirst du jemanden finden, der ganz auf deiner Wellenlänge liegt. Aber so viele Menschen es gibt, so viele Interessen gibt es auch. Mit dem einen kann man vielleicht gut über Hunde reden, mit der anderen über Kindererziehung oder vegetarische Rezepte; mit manchen bietet es sich an, Spaziergänge zu machen, mit anderen könnte man vielleicht mal ins Kino gehen ... Kein einzelner Mensch kann wohl all unsere Bedürfnisse erfüllen, und das ist vielleicht auch ganz gut so.

Gemeinsam aktiv sein

Am leichtesten fällt es, mit anderen in Kontakt zu kommen, wenn man gemeinsam etwas *tut*. Solange du zu Hause auf dem Sofa sitzen bleibst, darfst du keine Wunder erwarten: Niemand wird an deiner Haustür klingeln und dich zu einem Ausflug einladen.

Verlasse dein Schneckenhaus. Treibe Sport, pflege Hobbys, tritt einem Verein bei, schließe dich einer Reisegruppe an oder übernimm kleine ehrenamtliche Aufgaben: Es gibt sehr viele Menschen, die dringend Hilfe brauchen. Je mehr Begegnungen, desto größer wird das Netz und desto mehr Verbundenheit wirst du erfahren.

So tun, als ob

Introvertierte, stille Menschen sind eher gefährdet, einsam zu werden, als extrovertierte. Nun muss deshalb niemand zum Partylöwen mutieren oder sich in einen Entertainer verwandeln. Ein wenig Schauspielkunst schadet allerdings nicht. Gerade Menschen, die einsam sind, können von einer simplen Methode profitieren. Sie heißt: »Tu so, als ob!«

Nicht nur, was wir denken und fühlen, bestimmt unser Leben, sondern auch, wie wir nach außen auftreten und was wir tun. Letztlich lässt sich das eine gar nicht vom anderen trennen, und das ist gut, weil wir uns das zunutze machen können: Änderst du dein Inneres, dann wird sich auch dein Außen verändern. Und umgekehrt gilt das eben genauso!

Sicher hast du schon davon gehört, dass wir unsere Stimmung ganz einfach dadurch verändern können, indem wir uns zum Beispiel aufrechter halten und lächeln. Wer mit leerem, müdem Blick in sich eingesunken dasteht, wird sich auch entsprechend fühlen. Die Zusammenhänge zwischen Körper und Geist sind sehr spannend, und es gibt viele Bücher zu diesem Thema. Tatsache ist, dass wir Unsicherheit und Schüchternheit schon allein dadurch abmildern können, dass wir so tun, als wären wir energiegeladen und selbstbewusst.

Praxis: Tu so, als ob

Indem wir unseren Rücken gerade halten, den Kopf heben und lächeln, indem wir etwas mehr Energie und Entschlossenheit in unsere Bewegungen bringen und unsere Stimme etwas fester und kräftiger klingen lassen, werden wir uns sofort lebendiger und energiegeladener fühlen. Und auch andere werden uns mehr Aufmerksamkeit schenken, da Energie automatisch anziehend wirkt.

Wenn wir wirklich fühlen wollen, was wir darstellen, müssen wir uns intensiv mit unserer Rolle beschäftigen und üben. Sogar die Haltung des Mitgefühls lässt sich innerlich leichter entwickeln, wenn wir auch unseren Körper einsetzen. Natürlich nicht mechanisch, sondern einfühlsam. Dabei können wir zum Beispiel darauf achten, ob wir anderen besser zuhören können, wenn wir uns ein wenig nach vorn neigen. Oder wir können darauf achten, dass unser Körper entspannt und unser Blick offen und sanftmütig ist. Außen und Innen sind nicht getrennt. Innen und Außen beeinflussen sich ständig gegenseitig.

Allein und doch verbunden sein

»Alleinsein kann es erst geben,
wenn die Einsamkeit aufgehört hat.«

Jiddu Krishnamurti

Oft wird kein großer Unterschied zwischen Einsamkeit und Alleinsein gemacht. Tatsächlich beschreiben beide Begriffe ja oberflächlich gesehen auch die gleiche Situation. Und doch gibt es kaum zwei Zustände, die unterschiedlicher sein könnten, als sich einsam und verlassen zu fühlen oder mit sich selbst in Frieden allein zu sein. Für unsere Zwecke ist es hilfreich, Einsamkeit und Alleinsein deutlich voneinander zu unterscheiden:

Einsamkeit ist ein Zustand der Leere, des Mangels und der Unzufriedenheit. Einsamkeit sagt: »Ich bin traurig, denn ich fühle mich einsam.«

Alleinsein ist ein Zustand der Fülle, der Ruhe und Zufriedenheit. Alleinsein sagt: »Ich brauche niemanden, um glücklich zu sein. Ich genieße die Zeit mit mir selbst und fühle mich wunderbar.«

Wir sind einsam, weil wir uns isoliert fühlen. Um einsam zu sein, brauchen wir keine äußere Abgeschiedenheit – das schaffen wir auch gut inmitten großer Gesellschaft. Wir können verheiratet sein, Kinder und einen guten Job haben und allseits beliebt sein – und uns dabei trotzdem vollkommen einsam fühlen.

Ob du gern allein bist oder dich furchtbar einsam fühlst, hängt davon ab, worauf du deinen Geist richtest und wie du die Situation interpretierst. Siehst du Einsamkeit als Schicksal an? Oder ziehst du die Zurückgezogenheit bewusst oberflächlicher oder schlechter Gesellschaft vor?

Einsamkeit ist kein äußerer, sondern ein innerer Zustand. Nur die Perspektive macht den Unterschied aus. Es sind einzig und allein deine Gedanken, Gefühle und dein Gemütszustand oder mit anderen Worten: Es ist dein eigener Geist, der über Glück oder Unglück, Mangel oder Fülle entscheidet.

Alleinsein bedeutet, dass wir frei sind und uns unabhängig fühlen. Einsam zu sein heißt, auf der Suche und abhängig zu sein. Und ob andere Menschen dabei nun an- oder abwesend sind, ob wir also tatsächlich objektiv allein oder aber mit anderen unterwegs sind, spielt letztlich gar keine Rolle.

Stell dir Folgendes vor: Eine junge Frau sitzt allein im Café. Draußen regnet es in Strömen. Auf ihrem Bistrotisch steht eine Tasse Cappuccino. Sie beobachtet zwei kleine Mädchen, die mit ihren Eltern am Nebentisch sitzen, kichern und ausgelassen miteinander spielen.

Was meinst du wohl: Fühlt sich die junge Frau einsam oder beobachtet sie die herumalbernden Mädchen mit Freude und einem inneren Lächeln? Von außen betrachtet kannst du das unmöglich erkennen, denn entscheidend ist nur, was im Kopf und im Herzen der jungen Frau abläuft. Vielleicht denkt sie: »Warum dürfen alle so glücklich sein, und nur ich sitze mal wieder ganz allein hier im Café? Bestimmt werde ich nie so eine tolle Familie haben. Wahrscheinlich habe ich es sowieso nicht verdient, jemals glücklich zu sein …«

Oder aber sie denkt: »Das ist ja eine süße Familie. Die Mädels sind ganz schön aufgedreht. Irgendwie erinnert mich das daran, dass ich als Kind auch ziemlich wild und verrückt war. Bestimmt ist es nicht immer leicht, so eine Familie zusammenzuhalten. Mögen sie alle glücklich sein …«

Nur wenn wir mitfühlend sind und eine Einstellung haben, die Neues zulässt, werden wir uns auch im Alleinsein vollkommen erfüllt und verbunden fühlen. Dabei ist wichtig, dass wir wohlwollend und freundlich sind und auch auf die Menschen um uns herum achten. Hängen wir hingegen in destruktiven Gedankenspiralen fest und sehen uns selbst als Verlierer, die anderen aber als Gewinner, dann werden wir leicht neidisch, traurig und einsam. In diesem Zustand fühlen wir uns unsicher und sehnen uns nach jemandem, der unsere innere Leere auszufüllen vermag. Und wie du dir denken kannst, werden wir so jemanden in diesem Zustand nicht finden.

Menschen, die allein glücklich sein können, stehen auch in gutem Kontakt zu anderen. Sie können die anderen trotz ihrer Schwächen akzeptieren und wissen, dass sie ihnen etwas Wertvolles zu geben haben. Gleichzeitig bereitet es ihnen aber auch kein Kopfzerbrechen, wenn andere unfreundlich zu ihnen sind.

Wie schaffen sie das nur? Warum können sie im Alleinsein Frieden und Kraft finden, während andere mit Einsamkeit zu kämpfen haben? Dafür gibt es hauptsächlich drei Gründe: Zum einen können sie sich selbst annehmen und akzeptieren, zum anderen sind sie grundsätzlich mitfühlend und wohlwollend eingestellt und drittens fühlen sie sich mit der Welt und ihren Mitmenschen verbunden.

Ebenso wenig wie Mitgefühl ist Verbundenheit »einfach so da«. Um uns innerlich mit anderen Menschen verbunden fühlen zu können, müssen wir unseren Geist entsprechend ausrichten. Kreisen all unsere Gedanken nämlich ständig um unsere eigenen Probleme – wie es bei den meisten Menschen der Fall ist –, dann glauben wir, dass sich das ganze Leben nur um uns dreht. Tatsächlich aber sind wir nur ein ganz kleiner Teil eines viel Größeren.

Um uns und mit uns existieren Milliarden von Menschen, Tieren, Pflanzen und Kleinstlebewesen. Alles ist eins – ganz gleich, ob wir das nun spirituell oder evolutionär sehen. Bis wir geboren werden konnten, mussten genetische Informationen über gewaltige Zeiträume von Lebewesen zu Lebewesen weitergegeben werden. Tatsächlich sind wir sogar mit jedem Bakterium verwandt. Die Schwierigkeit liegt jedoch darin, die Einheit allen Lebens nicht nur intellektuell zu *verstehen,* sondern sie auf meditative Weise zu *erfahren.* Sobald wir das Einssein auch in unserem Herzen spüren, werden daraus Mitgefühl, gegenseitiger Respekt und Nächstenliebe entstehen.

Das Wissen um unsere Verbundenheit mit dem Leben erblüht ganz von selbst, wenn unsere Gedanken zur Ruhe kommen und wir unser Herz öffnen. Sobald wir unsere Achtsamkeit liebevoll und wohlwollend auf uns und andere Wesen lenken, löst sich das Gefühl des Getrenntseins auf wie Nebel in der Morgensonne.

Praxis: Alleinsein in liebevoller Achtsamkeit

Wir kommen allein auf die Welt und verlassen sie allein wieder. Allein zu sein ist unser ganz natürlicher Zustand, und er kann sehr erfüllend und bereichernd sein. Dazu müssen wir allerdings bereit sein, die Augenblicke des Alleinseins als Chance für uns zu sehen, statt vor dem Alleinsein wegzulaufen. Niemand kann uns glücklich machen. Niemand kann uns zeigen, welche Ziele für uns die besten sind, welcher Weg für uns der richtige ist – das können nur wir ganz *allein* herausfinden. Und dazu müssen wir Zeit mit uns selbst verbringen.

Auch im Alleinsein lässt sich liebevolle Achtsamkeit gut üben. Überhaupt müssen wir uns immer erst selbst Mitgefühl und Güte schenken, bevor wir sie auch anderen entgegenbringen können. Wenn du Augenblicke des Alleinseins in Glücksmomente verwandeln willst, solltest du einige Punkte beachten:

- Lass es dir mit dir selbst gut gehen. Schenke dir Mitgefühl und Aufmerksamkeit. Was brauchst du gerade, damit du dich wohlfühlen kannst? Vielleicht willst du dir ja etwas kochen? Dann solltest du auch den Tisch schön für dich decken. Oder vielleicht brauchst du einen Spaziergang oder möchtest dir ein heißes Bad einlassen und Musik hören. Sorge für dich selbst, wie du für einen guten Freund oder eine gute Freundin sorgen würdest. Sei dir selbst ein einfühlsamer Gastgeber.
- Falls du bemerkst, dass du grübelst und deine Situation negativ bewertest, dann lass los. Lass die Gedanken da sein, aber gib ihnen keine Nahrung, spinne sie nicht weiter. Lenke deine Achtsamkeit stattdessen auf den jetzigen Augenblick: Lass alles so sein, wie es ist – und wenn du die Möglichkeit hast, dann schließe die Augen und praktiziere einige Minuten lang Liebevolles Atmen (siehe Kapitel »Mitgefühl im Alltag leben«).

- Auch wenn du völlig allein auf einem Berggipfel stehst oder in einem kleinen Boot durch den Pazifik segelst: Mach dir bewusst, dass du immer mit dem Leben verbunden bist, dass du nie wirklich verlassen bist. Während du dies liest, leben Milliarden Menschen auf der Erde, und sie alle kennen die gleichen Gefühle, erleben schöne und schlimme Dinge, feiern und trauern, lachen und weinen – und alle atmen wir die gleiche Luft und sind Teil der großen Menschheitsfamilie. Keine Welle ist jemals allein im Ozean.
- Richte deinen Fokus nicht so sehr auf dein eigenes Glück, sondern darauf, dass alle anderen Menschen glücklich sein mögen. Die Herzmeditationen für uns und andere sind sehr effektive Methoden, um das Gefühl der Verbundenheit zu stärken und die Illusion des Getrenntseins aufzulösen (siehe Kapitel »Wenn du geliebt werden willst, dann liebe … dich selbst«, »Mitgefühl im Alltag leben« und »Liebevolle Achtsamkeit in der Beziehung leben«). Durch deine mitfühlende Konzentration auf andere wirst du ganz automatisch auch selbst glücklich.
- Damit du die Fülle des Alleinseins erleben kannst, gibt es einen einfachen Trick: Entscheide dich bewusst dafür, gelegentlich allein zu sein. Übe das Alleinsein. Und wenn du allein sein »musst«, dann sieh es als Gelegenheit, etwas Wichtiges zu lernen. Zieh dich zeitweise aus der Gesellschaft zurück und sammle deine Energie. Wenn du anschließend wieder andere triffst, wird eure Begegnung eine tiefere Qualität haben. Da du gelernt hast, dir selbst mitfühlend zu begegnen, fällt es dir auch leicht, anderen gegenüber mitfühlend und sanftmütig zu sein.

Liebevolle Achtsamkeit in der Beziehung leben

»Eine gute Partnerschaft ist der Ort, wo wir beides finden: so viel Geborgenheit, wie wir suchen, und so viel Freiheit, wie wir brauchen.«

Henriette Wilhelmine Hanke

Das Leben ist kein Ponyhof und eine Ehe keine Traumreise. Doch während niemand ernsthaft erwartet, vor seiner Haustür Ponys zu begegnen, hegen Männer und Frauen gerade am Anfang einer Beziehung recht verträumte, romantische Vorstellungen von ihrer gemeinsamen Zukunft. Was aber wie ein schöner Traum beginnt, wird manchmal nur allzu schnell zum Albtraum.

Von einer Zweierbeziehung erwarten wir uns so einiges: Wir sehnen uns danach, uns gemeinsam mit unserem Partner zu entwickeln, gemeinsam zu wachsen, uns unsere tiefsten Gefühle mitzuteilen, uns gegenseitig zu unterstützen – und natürlich wollen wir nicht zuletzt auch das Leben zu zweit genießen.

In guten Zeiten, wenn alles optimal läuft, scheinen unsere Träume wahr zu werden: In einer harmonischen Beziehung sind wir rundum glücklich. Wir fühlen uns geborgen und verstanden und so, als wären wir endlich angekommen. In schlechten Zeiten sieht es weniger rosig aus: Dann verwandeln sich unsere Täuschungen leider schnell in Enttäuschungen und unsere Hoffnung in Hoffnungslosigkeit.

Ganz gleich, ob du in einer gut funktionierenden oder wackeligen Zweierbeziehung lebst und ob deine Beziehung eher einer Achterbahnfahrt oder einer eintönigen Zugreise auf ewig gleichen Gleisen gleicht: Durch Achtsamkeit und Mitgefühl kannst du jede Partnerschaft verwandeln und bereichern.

Mitgefühl, Güte und tiefes Verständnis innerhalb einer Partnerschaft zu entwickeln, ist nicht leicht und gehört zu den fortgeschrittenen Übungen des Herzens. Es braucht Entschlossenheit und Geduld, um alte Muster zu durchbrechen und sich schließlich auf einer lebendigeren, mitfühlenderen Ebene begegnen zu können.

Wahre Liebe ist nicht wählerisch

Zweisamkeit wird oft überbewertet. Die romantische Idealvorstellung sagt: »Du musst nur den Richtigen finden, und schon ist alles in Butter. Mit dem Traumpartner an deiner Seite kann nichts mehr schiefgehen, und ihr werdet glücklich sein, bis dass der Tod euch scheidet.«

Ein Blick auf die Scheidungsstatistiken zeigt, dass wir unser Leben besser nicht auf derlei romantischen Träumen aufbauen sollten. Träume enden, und das Erwachen kann unerfreulich sein – beispielsweise wenn wir merken, dass unser Traummann sich über Nacht in einen Esel oder unsere Traumfrau sich in eine Ziege verwandelt hat.

Oder noch schlimmer: Unser Partner verabschiedet sich, aber wir haben unser Herz ganz an diesen Menschen gebunden und glauben, ihn zutiefst zu lieben. Die ganze Zukunft scheint zusammenzubrechen. Wir »lieben« diesen Menschen doch so sehr! Was wir allerdings in Wirklichkeit lieben, ist bestenfalls unser Wunschbild von diesem Menschen – und seine vermeintliche Fähigkeit, unsere innere Leere zu füllen.

Um ein liebevolles Herz zu entwickeln, brauchst du keinen Partner. Du kannst in Güte, Wärme und Verbundenheit zu anderen leben, kannst achtsam, erfüllt und innerlich frei sein – vollkommen unabhängig davon, ob du nun in einer Beziehung lebst oder nicht. Liebe ist nicht wählerisch: Überall und in jedem Augenblick kannst du sie zum Erblühen bringen.

Jeder von uns pflegt mehr oder weniger bewusst Beziehungen zu sehr vielen anderen: Freunde, Eltern, Kinder, Verwandte, Bekannte, Kollegen, Nachbarn, Ärzte, Postboten … Alle diese Beziehungen bieten uns die Möglichkeit, unser Herz zu öffnen – und unser Herz hat an jeden Menschen viel zu verschenken. Und doch neigen wir dazu, die Beziehung zu »unserem Mann« oder »unserer Frau« maßlos überzubetonen und alle anderen Verbindungen zu vernachlässigen. Statt unser Glück in uns selbst und unseren Kontakten außerhalb der Beziehung zu finden, setzen wir alles auf die Beziehungskarte. Wenn sich unsere Wahl der Hauptrolle dann als Fehlbesetzung herausstellt, kommt es zu Enttäuschung, Unzufriedenheit, zu Ärger, Wut, Verzweiflung und Streitereien. Um uns einsam zu fühlen, müssen wir uns dann nicht einmal trennen. Da reicht es schon, alles so unbefriedigend weiterlaufen zu lassen wie bisher …

Wenn du von deinem Partner geliebt werden willst, dann liebe deinen Partner, ABER …

Manchmal führt unser Traum von der heilen Beziehung geradewegs in die Sackgasse. Manchmal erweist sich dieser Traum jedoch auch als weiser innerer Kompass. Trotz aller Scheidungs- und Trennungsstatistiken gibt es nämlich auch viele Beziehungen, die wunderbar funktionieren. Und selbst wenn es nicht so gut für uns läuft, sind Zweierbeziehungen oft wichtig für unsere Entwicklung und unser inneres Wachstum.

Es ist wie gesagt nicht leicht, Güte und Mitgefühl in Partnerschaften zu üben – einfach deshalb, weil wir viel zu nah dran sind und die Routine es schwierig macht, jeden Tag aufs Neue bewusst das Liebenswerte, Schöne und Gute im Partner zu sehen und ihm das auch zu zeigen. Trotzdem ist es den Versuch mehr als wert: Wenn es uns nämlich gelingt, unser Herz in der Zweisamkeit zu öffnen, und wir auch nach der Phase der Verliebtheit immer achtsam, freundlich und liebevoll mit unserem Partner umgehen, werden wir gemeinsam selbst hartnäckige Krisen bewältigen können.

Wenn du willst, dass dein Partner dich schätzt, respektiert und liebt, dann beginne du damit, ihn zu schätzen, zu respektieren und zu lieben. Aber sei dir dabei auch bewusst, dass es ein paar Hindernisse gibt, die Partnerschaften typischerweise belasten; vielleicht machen sie auch dir und deinem Partner das Leben und die Liebe schwer.

Viel zu viele Erwartungen

Ohne uns dessen bewusst zu sein, halten wir Zweierbeziehungen oft für eine Art Tauschhandel. Dann denken wir zum Beispiel: »Ich liebe dich … wenn du gut für mich sorgst, …wenn du meine sexuellen Bedürfnisse befriedigst, … wenn du mir immer treu bleibst, … wenn du so bleibst, wie du jetzt bist, und nicht nach neuen Erfahrungen suchst, … wenn du tust, was ich von dir erwarte …«

Der »Deal« ist umso besser, je mehr unserer Erwartungen erfüllt werden. Das Dumme ist nur: Das Leben ist nicht die Börse. Die Liebe ist kein Vertrag. Ob wir nun von unserem Partner erwarten, dass er uns jeden Wunsch von den Augen abliest, aufhört Fleisch zu essen, pünktlicher, erfolgreicher oder spontaner im Bett ist … mit jeder unserer Erwartungen setzen wir ihn unter Druck. Schlimm genug. Noch schlimmer ist aber, dass sich unser Herz mit jeder neuen Erwartung ein Stück weiter verschließt. Erwartungen sind immer auf die Zukunft ausgerichtet – auf das, was sein »soll«. Liebe öffnet sich jedoch nur für das Jetzt. Erwartungen beruhen auf Ängsten und Hoffnungen, Güte beruht jedoch auf Offenheit und Freiheit. Und wo das eine ist, kann das andere nicht sein.

»Nicht das, was jemand tut oder lässt,
ist das, was uns enttäuscht, sondern unsere
eigene Erwartung an ihn.«

Mark Twain

Zu viel Identifikation

Wenn wir glauben, dass wir nur glücklich sein können, wenn wir in einer Beziehung leben, unterliegen wir einem weitverbreiteten Irrglauben. Dann sagen wir zum Beispiel Dinge wie »Du bist mein ganzes Glück«, »Ohne dich kann ich nicht leben« oder »Ich will nicht allein bleiben, ich brauche dich«.

Nicht weil wir den anderen von Herzen lieben, verbringen wir unsere Zeit dann mit ihm, sondern weil wir uns ganz mit ihm beziehungsweise unserer Beziehung identifizieren. Wir leben mit unserem Partner in einer Art Symbiose, und das heißt zugleich: in der ständigen Angst, ihn zu verlieren. Unsere Bedürftigkeit und Abhängigkeit machen es uns sehr schwer, die Verbindung zu unserem Herzen zu spüren. Sehen wir unseren Partner als einen unverzichtbaren Teil unserer selbst an, dann haben wir natürlich ein riesiges Problem, wenn er seiner Wege ziehen will. Spätestens dann brauchen wir sehr viel Achtsamkeit und Selbstmitgefühl, um den Kleber zu lösen, der uns zwar eigentlich nicht an unserem Partner, dafür umso fester an unseren einschränkenden Vorstellungen haften lässt.

Starke Gewohnheiten

Routine ist der natürliche Feind der Achtsamkeit. Achtsam zu sein bedeutet ja, dass wir uns für jede Erfahrung immer wieder aufs Neue öffnen. Achtsamkeit hat viel mit Aufwachen zu tun, Routine hingegen viel mit Einschlafen.

Auf immer gleichen Routen unterwegs zu sein, ist bequem. Je ausgetretener die Pfade sind, desto geringer ist die Gefahr, sich zu verlaufen. So scheint es jedenfalls. Immer die gleichen Reiseziele, immer die gleichen Wochenendaktionen, immer dieselben Worte und Berührungen, jedes Mal der gleich ablaufende Sex und die sich zum hundertsten Mal wiederholenden Streitereien um die immer gleichen Themen … So berechenbar starke Gewohnheiten in der Beziehung sind, so langweilig sind sie auch. Durch liebevolle Achtsamkeit können wir unsere Spontaneität und Lebendigkeit jedoch wiedererwecken und alte Gewohnheiten auflösen.

Prägende Muster

Die Emotionen und Verhaltensweisen unseres Partners kommen uns zuweilen gelinde gesagt merkwürdig vor. Warum nur führen Kleinigkeiten manchmal zu Katastrophen? Wie kann denn ein einziges falsches Wort die Stimmung des ganzen Abends verderben? Und woher kommen nur all die Schuldzuweisungen, die Unsicherheit, das Mauern, die Eifersucht, die unberechenbare Wut oder das ewige Klammern?

Die wenigsten von uns sind von Berufs wegen Psychologen. Zudem wissen wir meist nicht viel über die frühe Kindheit unseres Partners – nicht einmal er selbst dürfte allzu viel darüber wissen. Frühe Prägungen durch Eltern und andere Erziehungspersonen hinterlassen oft starke Muster, die ein Leben lang wirksam sind. Es ist aber nicht unsere Aufgabe, unseren Partner zu therapieren. Es genügt, dass wir wissen, dass sich hinter unerklärlichen Emotionen oder Verhaltensweisen oft alte Muster verstecken. Unser Job ist nicht, uns darüber den Kopf zu zerbrechen und Psychoanalyse zu betreiben, sondern das, was ist, wahrzunehmen, anzunehmen und ihm so freundlich und verständnisvoll wie möglich zu begegnen.

Eifersucht

Unter den Beziehungsgiften ist die Eifersucht wohl das tödlichste. An Eifersucht sind schon unzählige Beziehungen gescheitert. Eifersucht hat manch ein Menschenleben auf dem Gewissen und aus freien Menschen (meist Männern) Gefängnisinsassen gemacht. Der Eifersucht ist schwer beizukommen, denn sie sitzt tief in unserem biologischen Programm. Damit Liebe und Güte sie überwinden können, müssen wir eine Bewusstseinswende um 180 Grad vollführen.

Dass Eifersucht sehr wenig mit Mitgefühl zu tun hat, dürfte klar sein. Wer eifersüchtig ist, will ja nicht etwa geben, sondern haben. Der Eifersüchtige sagt: »Du bist meins! Ich werde dich festhalten! Bleib hier!« Liebevolle Achtsamkeit hingegen sagt: »Du bist frei, du bist einzigartig und gehörst nur dir allein. Ich lasse dich los. Gehe, wo dein Herz dich hinzieht.«

Auch wenn es ganz normal ist, dass wir Menschen, die uns sehr nahestehen, festhalten wollen – und wer stünde uns näher als unser Partner? –, so hat Eifersucht doch noch keine Beziehung gerettet. Ganz im Gegenteil. Ist unsere Eifersucht unbegründet, dann verursacht sie nur unnötige Konflikte. Ist sie hingegen begründet, dann trägt sie erst recht dazu bei, unseren Partner in die Arme einer oder eines anderen zu treiben. Je mehr wir festhalten, desto mehr verlieren wir.

Liebevolle Achtsamkeit hilft dir, Eifersucht zu erkennen, wenn sie auftritt, sie anzunehmen und schließlich auch wieder loszulassen. Ebenso wie Ängste oder Ärger sind auch Eifersuchtsanfälle nur Gäste, die in deinem Geist erscheinen, eine Weile bleiben und sich dann wieder verabschieden, wenn du ihnen nicht den besten Platz in deinem Kopfkino reservierst und sie nicht immer wieder nährst.

Vielleicht erinnerst du dich noch an die **W.A.L.**-Methode, bei der du in drei Schritten mehr Achtsamkeit und Gelassenheit entwickeln kannst (siehe Kapitel »Liebevolle Achtsamkeit in drei Schritten«). Ganz gleich, mit welchen der genannten Hindernisse du es in deiner Beziehung zu tun hast, die drei Schritte helfen dir immer dabei, achtsam zu bleiben und dir und deinem Partner mehr inneren Freiraum zu schenken:

1. **W**ahrnehmen
2. **A**nnehmen
3. **L**ächeln (und Loslassen)

Den inneren Raum öffnen

Wie kannst du die Prinzipien der liebevollen Achtsamkeit in deine Beziehung einfließen lassen? Wie können du und dein Partner mit Hindernissen wie Erwartungen, Eifersucht, Gewohnheiten, Enttäuschung oder Groll umgehen?

Zunächst einmal musst du wissen, dass Achtsamkeit keine Therapie ist. Der jahrtausendealte Weg der Achtsamkeit, der auf buddhistischer Weisheit gründet, zielt darauf ab, die Dinge, so wie sie sind, ohne Wertung zu betrachten. Üblicherweise besteht unser Ansatz jedoch vor allem darin, »die Dinge geregelt zu kriegen«. Probleme sind dazu da, gelöst zu werden, glauben wir. Und wenn wir uns nicht damit abfinden können, dass unser Partner so ist, wie er ist, wenn wir die Situation ändern und das, was ist, anders haben wollen, führt das meist zu endlosen Diskussionen und Streitereien, zu Enttäuschung und Entzweiung.

Auf liebevolle Weise achtsam zu sein ist einerseits sehr schwer, andererseits ganz leicht: *Schwer* ist es, weil wir aufhören müssen, die Welt beziehungsweise unseren Partner nach unseren Anschauungen formen zu wollen, weil wir den Mut aufbringen müssen, den Dingen ihren Lauf zu lassen, und weil wir die schöne Vorstellung aufgeben müssen, dass wir nur die richtigen Knöpfe finden müssten, und schon würden sich all unsere Beziehungsprobleme in Luft auflösen.

Leicht ist es, weil wir tatsächlich nur einen einzigen Knopf finden müssen: den Loslass-Knopf. Das Einzige, was wir tun müssen, ist, den Fuß vom Gas zu nehmen und zu genießen, wie der Wagen ganz von selbst ausrollt. Achtsamkeit zu praktizieren bedeutet, unseren geistigen Raum zu öffnen. Wir müssen außen nichts verändern, sondern nur vollkommen annehmen, was ist. Wir müssen unseren Partner nicht von seinen Fehlern heilen, da alles schon heil und ganz ist.

»Wenn du deine Kuh kontrollieren willst,
dann gib ihr eine große Wiese.«
Shunryu Suzuki

Je mehr Raum wir in uns schaffen, desto weniger Probleme werden wir haben. Wenn wir ein Problem nicht mehr als etwas ansehen, das wir bekämpfen und lösen müssen: Wo ist dann das Problem? Klingt das etwas abstrakt? Vielleicht hilft das folgende Beispiel zu verdeutlichen, wie Achtsamkeit uns hilft, unseren inneren Raum zu öffnen.

Ebene 1: Das, was geschieht

Einmal angenommen, dein Partner ist unzuverlässig. Wenn du die Unzuverlässigkeit als Teil von ihm und als Phänomen siehst, das eben manchmal auftritt, dann könntest du zum Beispiel sagen: »Aha, er hat die Einkäufe wieder nicht erledigt. Ich sollte aufhören, mich darauf zu verlassen, dass er einkauft.« Kein Problem. Solange du ihn nicht verurteilst, sondern nur achtsam wahrnimmst, was ist, gibst du Konflikten keine Nahrung. Du kannst einfach tief durchatmen und lächeln.

Ebene 2: Deine Reaktion

Nehmen wir an, dein Partner hat also vergessen, die Wochenendeinkäufe zu erledigen. Doch nehmen wir außerdem noch an, du kannst das nicht einfach nur achtsam wahrnehmen, weil du dich bereits kräftig ärgerst oder wütend darüber bist, dass du nun selbst noch einmal los musst. Trotzdem kannst du auch jetzt noch liebevolle Achtsamkeit praktizieren – nur dass du diesmal nicht das Verhalten deines Partners, sondern deine eigene Reaktion in den Fokus deiner Achtsamkeit rückst. Beispielsweise könntest du sagen: »Aha, da ist Ärger, da ist Wut« – und dabei kannst du deine Reaktion genau erforschen: Wie ändert sich dein Atem? Spannen sich bestimmte Muskeln an? Was für Gedanken tauchen jetzt auf?

Achtsamkeit lädt dich dazu ein, bei der reinen Beobachtung zu bleiben, statt dich in irgendwelche Dramen hineinziehen zu lassen. Du beobachtest, was ist, und beobachtest deine Reaktionen darauf. Statt in die stürmische See zu springen, bleibst du gelassen am Ufer sitzen, betrachtest das Spiel der Wellen und wartest ab, bis der Sturm sich wieder legt.

Um auf eine mitfühlende und sanftmütige Weise mit unserem Partner zusammenleben zu können, sollten wir bereit sein, vieles zu akzeptieren. Doch das heißt natürlich nicht, dass es nicht auch gewisse Grenzen gäbe, die wir dann auch deutlich machen sollten. Den anderen zu verurteilen, ihm die Schuld zuzuweisen, schlecht von ihm zu denken oder ihn bei anderen schlecht zu machen, ihn zu ignorieren oder anzugreifen – all das ist weder mitfühlend noch liebevoll. Keine dieser »Methoden« hat je dazu beigetragen, mehr Offenheit oder Verbundenheit zu entwickeln. Unser Partner – auch das sollten wir nie vergessen – hält uns wie kein anderer den Spiegel vor. Wenn wir das, was wir bei uns selbst nicht sehen wollen, bei ihm verurteilen, dann bohren wir nur ein Loch in das Boot, in dem wir gemeinsam sitzen.

Was Paare zusammenhält

Wie schaffen es manche Paare, ein Leben lang miteinander glücklich zu sein, während andere sich schon nach kürzester Zeit in die Haare kriegen und wieder trennen? Ist es reine Glückssache, ob man als Paar zusammenpasst? Kommt es nur darauf an, dass wir das richtige Los ziehen? Zum Teil vielleicht. Doch letztlich geht es gar nicht so sehr darum, den »idealen Partner« zu finden.

Unser Herz kann viele sehr unterschiedliche Männer oder Frauen lieben. Fehler und Schwächen werden wir bei jedem und jeder finden. Die anfängliche Euphorie wird in jeder Beziehung mit der Zeit abkühlen, und garantiert werden früher oder später Probleme auftauchen. Unser Partner ist daran aber nicht schuld, denn so ist das Leben nun einmal. Die entscheidende Frage lautet daher nicht, ob mein Partner der richtige ist, sondern ob wir gemeinsam den richtigen Weg gefunden haben, Liebe und Vertrauen zu ermöglichen und lebendig zu erhalten.

Seit Langem versuchen Psychologen herauszufinden, woran Paarbeziehungen scheitern. Durch die Analyse von Videoaufnahmen, in denen Gespräche und Mimik von Paaren aufgezeichnet werden, kann heute mit nahezu hundertprozentiger Sicherheit vorausgesagt werden, ob eine Beziehung in den nächsten Jahren scheitern wird oder nicht. Bestimmte Verhaltensweisen und Gesprächsmuster haben sich dabei als entscheidend herauskristallisiert.

Zu den »Beziehungsrettern« gehören vor allem Wertschätzung, gegenseitiger Respekt, kleine Komplimente, regelmäßige Berührungen im Alltag und die Bereitschaft, dem anderen wirklich zuzuhören und seine Sorgen ernst zu nehmen.

Doch es gibt auch einige gefährliche Beziehungsgifte. Dazu zählen

- Kritik, die nicht auf das Verhalten, sondern auf die Person und den Charakter des anderen zielt und verletzend ist,
- Verachtung oder die Neigung, bei Meinungsverschiedenheiten abwertend zu werden und den anderen kleinzumachen,
- Rechtfertigen und Mauern: Beide Verhaltensmuster sind Schutzmechanismen, die jedes offene Gespräch verhindern.

Damit Kommunikation gelingt, dürfen Konflikte nicht unter den Teppich gekehrt, sondern sollten offen angesprochen werden. Wir müssen lernen, unsere Bedürfnisse klar zu äußern, sollten dabei aber entspannt genug bleiben, um nicht in Jammern, Nörgelei oder Schuldzuweisungen zu verfallen. Herzenswärme und Güte ermöglichen es uns, Wertschätzung, Akzeptanz und Mitgefühl in die Beziehung zu bringen. Liebevolle Achtsamkeit hilft uns zudem, wichtige Fragen zu beantworten:

- Was ist jetzt für mich wichtig? Worüber sollte ich sprechen? Was fühle ich in diesem Augenblick?
- Was ist jetzt wohl für meinen Partner wichtig? Was fühlt er gerade?
- An welchem Punkt rutsche ich oder er in Kritik, Verachtung, Ironie, Mauern oder gegenseitige Schuldzuweisungen ab? Wie kann ich dieser Tendenz entgegenwirken?

Nur wenn wir achtsam sind, können wir wirklich bemerken, was in uns und dem anderen abläuft. Und nur dann können wir Streitgespräche rechtzeitig unterbrechen, kurz innehalten, durchatmen und Spannungen loslassen, bevor wir uns unserem Partner wieder offen zuwenden.

Liebe in Freiheit und Achtsamkeit

»Wenn unsere Achtsamkeit jene einschließt, die wir lieben, blühen sie wie Blumen auf.«

THICH NHAT HANH

Ebenso wie die Beziehung zu uns selbst, so ist auch die Beziehung zu unserem Partner nicht unbelastet. Es ist eine Illusion, zu glauben, dass wir das Glück, das wir in uns nicht erfahren können, in einer Zweierbeziehung finden werden. Die alltäglichen Probleme hören ja nicht plötzlich auf, nur weil wir uns als Paare zusammenfinden, und oft ist sogar das Gegenteil der Fall: der graue Alltag, die Routine, die Unzufriedenheit, die Stimmungstiefs – sie sind in Beziehungen meist noch deutlicher zu spüren, als wenn wir allein sind.

Wie können wir mit schwierigen Beziehungen umgehen? Ist es überhaupt möglich, Partnerschaften, die von gegenseitiger Geringschätzung oder auch nur von Langeweile geprägt sind, in reife, harmonische und beglückende Beziehungen umzuwandeln? Und können wir es überhaupt verhindern, dass wir uns irgendwann wie so viele andere Paare auseinanderleben?

Die Liebe kann nur wachsen, wenn du sie pflegst. Wenn du einem geliebten Menschen immer wieder aufs Neue offen und positiv begegnen möchtest, dann darfst du es dir in deiner Beziehung nicht zu bequem machen.

Durch Akzeptanz, Verständnis und Mitgefühl können auch eingerostete Beziehungen wieder zu neuem Leben erweckt werden. Doch diese Qualitäten können wir nur entwickeln, wenn wir uns darin üben, achtsam zu sein. Den anderen so anzunehmen, wie er ist, ist nicht einfach. Dass andere Menschen – und somit auch unser Partner – ebenso wie wir Bedürfnisse, Wünsche, Träume und zudem viele Eigenheiten haben, leuchtet zwar schnell ein, sie tatsächlich im täglichen Zusammenleben zu tolerieren, ist jedoch deutlich schwieriger. Und doch führt kein Weg daran vorbei. Den anderen manipulieren und verändern zu wollen funktioniert nicht. Die eigene Einstellung zu verändern und dadurch lebendiger, freier und offener zu werden, kann hingegen sehr gut funktionieren.

Wer immerzu nach Bestätigung und Anerkennung sucht, ist kein Liebender, sondern süchtig. Denn Liebe ist, wie Bernard Shaw schrieb, »*die Fähigkeit, den Menschen, die uns wichtig sind, die Freiheit zu lassen, die sie benötigen, um so sein zu können, wie sie sein wollen. Unabhängig davon, ob wir uns damit identifizieren können oder nicht.*« Und leider scheitern viele Paare genau daran: Sie begegnen sich wie zwei Ausgehungerte, die zwar vieles beim anderen suchen, ihm jedoch nur wenig zu geben haben. Wenn sie »Ich liebe dich« sagen, meinen sie eigentlich »Ich brauche dich«. Dabei sind sie vollkommen überzeugt davon, dass sie ihren Partner aufrichtig lieben, und erkennen nicht, dass sie sich im Grunde vor allem danach sehnen, geliebt zu werden.

Wie kannst du dich aus Abhängigkeiten befreien? Wie kannst du Enttäuschungen vermeiden, die unvermeidlich sind, solange wir nicht frei sind? Letztlich wird das nur gelingen, indem du deine Beziehung gemeinsam mit deinem Partner auf eine höhere, reifere Ebene hebst, indem du loslässt. Unserem Ego gefällt das gar nicht – es liebt Dramen, Erwartungen und Widerstände, denn sie erhalten das Ego am Leben. Das ist der Grund dafür, warum Festhalten oft so viel leichter fällt als Loslassen.

Praxis: Woran halte ich fest?

Nimm dir etwas Zeit. Mach es dir bequem, setze oder lege dich hin und schließe die Augen.

Stelle dir nun selbst die Frage, woran du festhältst. Führe dir schwierige Situationen und Gespräche vor Augen, denn so erkennst du am ehesten, in welchen Bereichen es dir schwerfällt loszulassen.

- Was stört dich an deinem Partner?
- Was willst du ändern, was kannst du nicht akzeptieren?
- Wie reagierst du, wenn dein Partner Dinge tut oder sagt, die für dich nicht in Ordnung sind: mit Wut, Ärger, Aggression und Streit? Oder eher mit Rückzug, Schweigen, Traurigkeit und Niedergeschlagenheit? Hältst du also eher an aggressiven oder defensiven Reaktionen fest?
- In welchen Situationen ist es dir wichtig, Kontrolle auszuüben?
- Willst du deinen Partner manchmal vor etwas schützen, wovor du ihn gar nicht schützen müsstest – beispielsweise davor, seine eigenen Erfahrungen zu machen?

- Wovor hast du Angst?
- Findest du, dass dein Partner dazu verpflichtet ist, das zu tun oder zu sagen, was du von ihm erwartest? Dass er immer bei dir bleiben sollte? Dass er nicht mit anderen Männern oder Frauen lachen oder gar flirten darf?

Es geht hier wohlgemerkt nicht darum, den Sinn der Treue zu bewerten, sondern nur darum herauszufinden, woran wir festhalten. Es gibt in jeder Partnerschaft Grenzen. Das ist wichtig, denn eine Beziehung baut nicht auf Beliebigkeit auf. Wo aber sind deine Grenzen? Wie weit kannst du mitfühlend sein, und wo hören dein Verständnis und dein Mitgefühl auf?

Was immer du darüber herausfindest, woran du festhältst: Akzeptiere es, bewerte und verurteile dich nicht, sondern versuche nur, etwas klarer zu sehen, wo du stehst.

Durch Achtsamkeit zu mehr Verbundenheit

Wonach wir uns in Beziehungen letztlich wirklich sehnen, das ist das Gefühl, mit unserem Partner innerlich verbunden zu sein. Äußere Zeichen der Verbundenheit sagen nicht viel aus: Wir können verheiratet sein, zusammen Kinder haben, gemeinsam unter einem Dach wohnen und jedes Jahr in die Ferienwohnung in der Toskana fahren – und uns dabei trotzdem innerlich leer fühlen, weil wir entgegen des äußeren Scheins nicht wirklich miteinander verbunden, sondern vielmehr aneinander gebunden sind.

**Zwei *Ichs* machen noch kein *Wir*.
Die Kraft der Liebe kann sich in einer Beziehung nur dann entfalten, wenn beide Partner Ja zum *Wir* sagen. Ohne ein starkes *Wir*-Gefühl können wir keine wirkliche Verbundenheit erfahren.**

Wie kannst du die innere Verbindung zu deinem Partner herstellen oder stärken? Am schnellsten durch sehr einfache, scheinbar ganz banale Dinge. Zum Beispiel durch die Frage: »Was können wir uns gemeinsam Gutes tun, um das Geschenk unserer Zweisamkeit zu würdigen?«

Im Trubel des Alltags, wenn private Sorgen und berufliche Belastungen unsere ganze Aufmerksamkeit auf sich ziehen, kann es leider leicht passieren, dass wir sowohl uns selbst als auch unseren Partner aus den Augen verlieren. Doch Beziehungen, die nicht regelmäßig gepflegt werden, welken wie Blumen, die nicht gegossen werden. Pflege braucht jedoch Zeit. Und auch Achtsamkeit ist nichts, was wir auf die Schnelle »erledigen« können.

Die Theorie der liebevollen Achtsamkeit ist ja nicht kompliziert. Es ist leicht, das alles zu verstehen. Doch wir brauchen auch ganz konkrete Felder, um praktische Erfahrungen zu sammeln. Dazu müssen wir nichts Besonderes machen, denn auch Achtsamkeit ist an sich nichts Besonderes, sondern sehr naheliegend. Wenn du liebevolle Achtsamkeit und Mitgefühl in deiner Beziehung entwickeln willst, dann solltest du dich regelmäßig mit deinem Partner verabreden und den geplanten Restaurant- oder Cafébesuch auch schriftlich in deinem Kalender festhalten. Um sich wieder näherzukommen, reicht oft schon ein gemeinsamer Spaziergang. Und wenn die Zeit für einen Ausflug oder gar eine kleine Reise reicht, ist das natürlich umso besser.

Miteinander reden braucht Zeit, Verständnis braucht Zeit, Zärtlichkeit braucht Zeit. Doch warte nicht auf Lücken in deinem Kalender, sondern nimm dir diese Zeit. Ob du dich von den Anforderungen des Alltags verschlingen lässt oder dich für mehr Nähe, Wärme und Liebe entscheidest, ist eine Frage der Priorität: Was ist dir in deinem Leben wirklich wichtig?

Sich mit seinem Partner (oder auch mit anderen Menschen) verbunden zu fühlen, ist ein wunderbares und warmes Gefühl, das uns sehr viel Freude schenkt. Wenn wir die Verbindung zum anderen in unserem Herzen spüren, ist es nicht mehr wichtig, ob wir unter einem Dach leben oder Tausende von Kilometern zwischen uns liegen.

Zwei liebende Herzen kann nichts trennen – außer zu viel Nähe. So widersprüchlich es klingt: Verbundenheit braucht auch gesunden Abstand. Die richtige Balance zwischen Nähe und Abgrenzung, Zusammensein und Privatsphäre oder »Wir« und »Ich« zu finden, ist eine große Herausforderung für jedes Paar. Um mitfühlende Beziehungen zu anderen leben zu können, ist es wichtig, dass wir auch mit uns allein im Frieden sein können und uns auch immer wieder Zeit nehmen, um allein zu sein. Das richtige Verhältnis zwischen Alleinsein und Zusammensein werden wir sicher nicht immer finden, doch auch hier kann Achtsamkeit uns helfen, den Raum zwischen beiden Polen auszuloten und herauszufinden, was wir im jeweiligen Moment wirklich brauchen.

»Liebt einander, doch lasst eure Liebe nicht
zu einer Fessel werden. (...)
Singt und tanzt gemeinsam und teilt euer Glück,
doch lasst jeden von euch auch für sich sein.
So wie jede Saite einer Laute ganz für sich ist,
und sie doch alle gemeinsam dieselbe Musik erklingen lassen.«

KHALIL GIBRAN

Alte Wunden heilen

In Liebesbeziehungen sind Verletzungen kaum auszuschließen. Gut möglich, dass du schwere Zeiten mit deinem Partner durchleben musstest oder es immer noch musst. Gut möglich auch, dass ihr in der Vergangenheit wenig einfühlsam miteinander umgegangen seid. Vielleicht habt ihr euch beleidigt, beschuldigt, angelogen, angeschrien oder auf andere Weise verletzt. Doch liebevolle Achtsamkeit schaut nicht nach hinten, sondern nach vorn – genau genommen sogar immer nur auf das Hier und Jetzt.

Was geschehen ist, können wir nicht mehr ändern. Manchmal ist es hilfreich, zu analysieren, was schiefgelaufen ist, welche unserer Reaktionen oder welche unserer Verhaltensweisen oder jener unseres Partners dazu geführt haben, dass Konflikte entstanden sind. Aus Fehlern zu lernen, ist klug; sich in Schuldgefühlen oder Ressentiments zu verlieren und das Vergangene nicht loslassen zu können, ist es jedoch ganz und gar nicht.

Dass die Zeit alle Wunden heilt, darf bezweifelt werden. Doch durch liebevolle Achtsamkeit können wir selbst sehr alte Wunden heilen. Es gibt keine Verletzung, die nicht durch viel Geduld, Einfühlsamkeit, Mitgefühl und Achtsamkeit heilen könnte. Unser Geist ist stärker als unsere Vergangenheit.

Ob wir uns nun eine harmonischere Beziehung wünschen oder alte Verletzungen heilen wollen: Einer muss immer den Anfang machen. Wenn du darauf wartest, dass dein Partner mehr Achtsamkeit und Mitgefühl in die Beziehung trägt, kannst du wahrscheinlich lange, wenn nicht gar ewig warten. Nicht jeder hat den Mut, sein Herz zu öffnen und seine Liebe zu verschenken. Und viele kämen auch nicht einmal auf die Idee. Wenn jedoch wenigstens einer von beiden konkrete Schritte macht, wird sich die Qualität der Beziehung sofort verändern.

Psychologen konnten nachweisen, dass zerstörerische Muster in Beziehungen allein schon dadurch aufgelöst werden können, dass auch nur einer damit aufhört, auf beleidigende Äußerungen, schlechte Stimmungen oder Provokationen in negativer Weise zu reagieren. Und gerade darin liegt ja die Stärke der Achtsamkeit: nicht zu verurteilen, sich nicht hineinzusteigern und stattdessen loszulassen.

In manchen Beziehungen sind spitze Bemerkungen, Streitereien, Beleidigungen, Gehässigkeit, Wutausbrüche oder gegenseitige Schuldzuweisungen an der Tagesordnung. Bei vielen Paaren sind solche Konflikte zum Glück eher selten – doch ganz frei von Auseinandersetzungen ist wohl keine Beziehung, denn überall lauern sie, die »bissigen Hunde.«

»Zwischen Reiz und Reaktion liegt ein Raum.
In diesem Raum liegt unsere Macht zur Wahl unserer Reaktion.
In unserer Reaktion liegen unsere Entwicklung und unsere Freiheit.«

Viktor Frankl

Wenn sich bissige Hunde nähern, ist das eine gute Gelegenheit, den Raum zwischen Reiz und Reaktion einmal bewusst auszudehnen, statt immer wieder reflexartig zu reagieren. Das heißt, dass wir weder nach den Hunden treten sollten, da sie dann erst recht zubeißen, noch panisch die Flucht ergreifen dürfen, was nur ihren Jagdinstinkt wecken würde.

Praxis: Vom achtsamen Umgang mit bissigen Hunden

Manchmal verhalten sich auch unsere Partner wie bissige Hunde, nur dass sie uns nicht mit gefletschten Zähnen, sondern mit Anschuldigungen, Vorwürfen, Ironie oder schlechter Laune angreifen. Auch hier ist es nicht ratsam, sofort reflexartig zu reagieren. Stattdessen sollen wir versuchen, den Raum zwischen Reiz und Reaktion zu vergrößern oder mit anderen Worten: mehr Ruhe und Gelassenheit in die ganze Situation zu bringen.

In konfliktgeladenen Momenten kannst du liebevolle Achtsamkeit in vier einfachen Schritten üben:

1. Nimm den Reiz wahr, also beispielsweise die Beleidigung oder die gemeine Bemerkung deines Partners.
2. Lenke deine Achtsamkeit nun sofort auf deine innere Reaktion. Fang nicht an, mit deinem Partner zu streiten oder zu argumentieren, sondern beobachte dich genau: »Was löst dieser Satz oder dieses Verhalten in mir aus? Wie verändert sich mein Atem?

Wie meine Körperhaltung oder Muskelspannung? Welches Gefühl taucht auf, und wie könnte ich es benennen?« Vielleicht kannst du eine eindeutige Emotion wie »Angst«, »Unsicherheit«, »Ärger« oder »Trotz« ausmachen. Wenn dein Gefühl nicht so klar ist, kannst du es aber auch einfach nur »unangenehmes Gefühl« nennen.

3. Indem du deinen Körper und deine Gefühle achtsam beobachtest, vermeidest du es, dass die immer gleichen Reaktionsmuster abgespult werden, und du gewinnst einen gesunden Abstand zur Situation. Dann kannst du noch einen Schritt weitergehen, indem du ein paar Mal tief durchatmest und vor allem tief und lange ausatmest. Durch das vertiefte Atmen beruhigen sich deine Emotionen, und das hilft dir loszulassen.
4. Im letzten Schritt öffnest du dein Herz und lächelst dir selbst innerlich zu. Was immer dein Partner sagt oder tut: Mach dir klar, dass er nie in böser Absicht handelt. Wie alle Menschen will er nur glücklich sein, und wenn er ausfallend wird, liegt das daran, dass er Angst hat, unsicher ist, sich nicht verstanden fühlt oder dass er ein wichtiges Bedürfnis hat, das er erfüllen möchte. Im Kapitel über achtsame Kommunikation lernst du noch einfache Möglichkeiten kennen, um herauszufinden, worum es deinem Partner wirklich geht.

Mit etwas Übung kannst du diese vier Schritte in einem einzigen Prozess zusammenfassen, der nur sehr wenig Zeit braucht. Und doch genügt diese Zeit, um auf eine mitfühlendere Art zu antworten und auf eine weisere Art zu reagieren, als dir das vielleicht bisher möglich war.

Ein wenig Abstand zu gewinnen, ein wenig Ruhe in schwierige Situationen zu bringen, etwas genauer hinzusehen, wie bestimmte Reize in uns körperliche und emotionale Reaktionen auslösen und zu erkennen, dass sie auch wieder vergehen – das ist alles, worum es in der Übung der Achtsamkeit geht. Und doch genügt das schon, um bissige Hunde zu zähmen – ob diese nun von außen oder innen auf uns einstürmen.

Praxis: Herzmeditation III, »Mögen wir glücklich sein«

Die folgende Meditation ist eine weitere Variante der buddhistischen Metta-Meditation, die der Entwicklung von Mitgefühl und Güte dient. Ebenso wie wir für uns selbst (»Herzmeditation I«) oder allen Menschen gegenüber (»Herzmeditation II«) liebende Güte zum Erblühen bringen können, können wir auch unseren Partner und uns in den Fokus unserer Achtsamkeit stellen. Durch diese Meditation können wir mehr Harmonie und Verbundenheit herstellen – und zwar auch in schwierigen Zeiten. Regelmäßig ausgeführt, hilft dir diese Übung dabei, alte Wunden schneller heilen zu lassen.

Du kannst bei dieser Meditation nichts falsch machen. Auch wenn deine Empfindungen nicht den Worten entsprechen, die du innerlich wiederholst, hat diese geistige Übung sehr heilsame Auswirkungen. Bleibe einfach entspannt und folge der Anleitung:

- Setze dich aufrecht und bequem hin und achte darauf, dass dein Rücken gerade ist. Entspanne Schultern und Gesicht und alle Muskeln, die jetzt nicht benötigt werden. Schließe die Augen.
- Richte deine Achtsamkeit kurz auf deinen Atem – spüre die Atembewegung an der Bauchdecke oder an der Nase. Lass den

Atem einfach kommen und gehen, und versuche, dich mit jedem Atemzug noch etwas mehr zu entspannen.

- Hole dir nun ein Bild von dir und deinem Partner vor dein inneres Auge: Zum Beispiel kannst du dir vorstellen, dass du euch gemeinsam auf dem Sofa sitzen, auf einer Wiese liegen oder beim Spazierengehen siehst. Schaue von außen auf euch, als wärest du ein fremder Beobachter. Wenn es dir leichter fällt, kannst du dich auch an eine Szene erinnern, in der du mit deinem Partner Zeit verbracht hast – am besten eine Szene, wo ihr euch umarmt oder an den Händen gehalten habt oder wo ihr zumindest allein wart.
- Beginne nun mit der eigentlichen Herzmeditation zur Entwicklung von Selbstmitgefühl:
  - Während du einatmest denkst du: »Mögen wir …«,
  - während du ausatmest denkst du: »… glücklich und geborgen sein.«
  - Beim nächsten Einatmen denkst du: »Mögen wir …«,
  - beim Ausatmen: »… friedvoll und sanftmütig sein.«
  - Beim dritten Einatmen denkst du: »Mögen wir …«,
  - beim Ausatmen: »… heiter und gelassen sein.«
- Sobald du den Zyklus beendet hast, beginnst du einfach wieder von vorn. Wiederhole die drei Wünsche innerlich immer wieder in deinem Atemrhythmus. Wenn dabei warme und zärtliche Gefühle auftauchen, ist das gut. Wenn nicht, ist das auch kein Problem. Wie gesagt: Es geht nicht darum, irgendetwas zu erzwingen oder eine besondere geistige Vorstellungskraft zu entwickeln. Die Sätze wirken vor allem auf das Unterbewusstsein. Allerdings wirst du umso tiefer in die Meditation hineinkommen, je weniger du dich von Gedanken oder Körperempfindungen ablenken lässt. Es ist zwar ganz normal, wenn dein Denken abschweift, dein Knie wehtut oder du hörst, wie draußen ein Motorrad vorbei-

fährt – das alles ist Teil der Übung. Doch wann immer du eine Ablenkung wahrnimmst, solltest du einfach wieder geduldig dazu übergehen, dich auf die drei Sätze der Metta-Meditation zu fokussieren.

- Um die Meditation zu beenden, atme dreimal tief durch, bevor du die Augen wieder aufmachst.

Das Schöne wertschätzen

Unzufriedenheit, Genörgel und Enttäuschungen kommen bei frisch Verliebten eher selten vor, doch in langjährigen Beziehungen neigen viele Paare zunehmend dazu, sich auf das Negative zu fokussieren – genauer gesagt auf die »schlechten« Seiten ihres Partners.

Es dürfte klar sein, dass es ziemlich schwierig wird, Mitgefühl und Liebe zu entwickeln, solange wir dazu neigen, zu grübeln, zu jammern und mit unserem Schicksal oder unserer Beziehung zu hadern. Wenn du dir und deinem Partner eine echte Chance auf eine glückliche und dauerhafte Beziehung geben willst, ist es wichtig, mehr Bewusstheit und Präsenz ins Spiel zu bringen: Dann musst du versuchen, immer wieder den weißen Wolf in dir zu füttern, und das heißt, deinem Partner gegenüber eine grundsätzlich positive, freundliche Haltung einzunehmen.

Dein Partner ist auch nur ein Mensch, und wie alle Menschen schlägt er sich mit Problemen und Nöten herum und hat, ebenso wie wir alle, gute und schwierige Seiten. Durch liebevolle Achtsamkeit kannst du lernen, deine Bewertungen und Urteile loszulassen, ihn so sein zu lassen, wie er ist und mit seiner Art zu sein in Frieden zu leben.

Allein schon dadurch, dass wir unseren Fokus auf das Gute und Schöne an unserem Partner lenken, werden wir immer mehr Positives entdecken. Wir können eine harmonischere, tiefere Verbindung zu ihm herstellen, indem wir uns beispielsweise an schöne Erlebnisse erinnern, uns Bilder aus guten Zeiten ansehen oder indem wir die Zeit, die wir gemeinsam verbringen, als Möglichkeit verstehen, auch etwas über uns selbst zu lernen. Schließlich gibt keinen besseren Spiegel für uns als unseren Partner. Und nicht zuletzt kann er uns auch zum Lehrer werden: In einer Zweierbeziehung, in der wir gespiegelt werden, können wir oft schneller Gelassenheit, Dankbarkeit und Mitgefühl entwickeln, als das allein der Fall wäre.

»Immer gerate ich an den Falschen!« Bestimmt hast du diesen Satz auch schon oft gehört – oder du hast ihn vielleicht sogar selbst ausgesprochen. Aus spiritueller Sicht ist der Mensch an deiner Seite jedoch immer genau der richtige. Vielleicht ist dein Partner ja schon bald nicht mehr der richtige für dich, wer weiß – aber im Moment kannst du davon ausgehen, dass er eine wichtige Botschaft für dich hat, auch wenn vielleicht weder er noch du ahnen, warum der »Zufall« euch zusammengebracht hat.

Die Übung des Herzens besteht darin, einfach zu lieben und nicht erst zahllose Bedingungen zu stellen. Dass der Mensch an unserer Seite dort nicht umsonst ist, beginnen wir erst zu verstehen, wenn wir uns regelmäßig mit unserer eigenen Quelle verbinden und unsere Achtsamkeit wächst.

Praxis: »Ich danke dir dafür«

Diese Übung hilft dir dabei, deinen Partner nicht als eine (womöglich anstrengende) Selbstverständlichkeit, sondern als Geschenk anzusehen. Warte nicht darauf, bis er oder sie eines Tages nicht mehr an deiner Seite sein wird, um den Wert eurer Beziehung dann zu spät zu erkennen. Richte deinen Fokus stattdessen gezielt auf alles Positive –

und tue das am besten sofort. Notiere dir dazu innerlich oder besser tatsächlich mit Stift und Papier einige Punkte auf einer kurzen Liste:

Was schätzt du an deinem Partner besonders? Welche drei offensichtlichen Eigenschaften machen ihn für dich wertvoll und liebenswert?

1. ....

2. ....

3. ....

Fallen dir noch drei weitere Charakterzüge oder Eigenschaften ein, die vielleicht weniger offensichtlich sind und über die du eine Weile nachdenken musst? Du kannst dir Erinnerungen an eure bisherige gemeinsame Zeit zu Hilfe holen, um weitere positive Eigenschaften ausfindig zu machen.

1. ....

2. ....

3. ....

Stell dir vor, du würdest einen Brief an deinen Partner schreiben, der mit den Worten: »Ich danke dir dafür, dass …« beginnt. Was würdest du ihm/ihr gern sagen? Fallen dir drei Möglichkeiten ein?

1. Ich danke dir dafür, dass ....

2. Ich danke dir dafür, dass ....

3. Ich danke dir dafür, dass ....

Die Liste ist dazu da, dass du selbst wieder einen klareren und vor allem auch positiveren Blick entwickelst. Allerdings kannst du deinem Partner deine Notizen auch zeigen, denn das ist eine gute Möglichkeit, ihm ein paar aufbauende Dinge zu sagen und ihm das eine oder andere Kompliment zu machen.

Achtsam miteinander sprechen

»Ein gutes liebes Wort ist immer ein Lichtstrahl,
der von Seele zu Seele geht.«

Hans Thoma

Paare leben vom Austausch. Und Beziehungen sterben, wenn die Partner eines Tages erkennen müssen, dass sie sich nichts mehr zu sagen haben. Zwar können wir auch ganz ohne Worte miteinander kommunizieren und uns mit unserem Partner eins fühlen – doch das Schweigen und die Sprachlosigkeit, die in vielen Beziehungen herrschen, haben nichts mit dem »edlen Schweigen« zu tun, das im Buddhismus als Weg zur geistigen Freiheit geschätzt wird.

Gerade in Zweierbeziehungen ist es alles andere als leicht, offen und liebevoll zu kommunizieren. Oft beschränken sich unsere Gespräche auf Organisatorisches, auf die Banalitäten des Alltags, auf Termine, Planungen und all die Dinge, die zu erledigen sind. Schon schlimm genug, wenn sich die Kommunikation zwischen zwei Liebenden nur noch um Oberflächliches dreht. Noch schlimmer ist es aber, wenn wir Worte auf lieblose, verletzende Weise benutzen – was leider gar nicht selten vorkommt.

Worte können zu Waffen werden. Und Gewalt drückt sich auf vielerlei Weise in Worten aus, zum Beispiel in Form von Beleidigungen, Vorwürfen, Verurteilungen, Vorurteilen, Tadel oder auch auf sehr subtile Weise durch einen verächtlichen Tonfall, durch Ironie, ja sogar durch eisiges Schweigen.

> *»Im Wissen, dass Worte sowohl Glück als auch Leiden hervorrufen können, bin ich entschlossen, wahrhaftig zu sprechen und Worte zu gebrauchen, die Vertrauen, Freude und Hoffnung wecken.«*
>
> Thich Nhat Hanh

Worte können sehr verletzend sein, wir können sie aber auch auf mitfühlende und heilsame Weise benutzen. Indem wir freundliche, sanftmütige Worte wählen, die von Herzen kommen, können wir die Magie der liebevollen Achtsamkeit ganz konkret erfahren. Worte haben erstaunliche Wirkungen, und die Wirkung liebevoller Worte verändert unsere Beziehungen überraschend schnell und tief gehend. Durch achtsame, mitfühlende Kommunikation stärken wir das Gefühl gegenseitiger Verbundenheit. Offenheit in unseren Gesprächen ermöglicht es uns, gemeinsam mit unserem Partner Freude und Dankbarkeit im Hier und Jetzt zu erfahren und auch tatsächlich all das miteinander zu teilen, was wir uns *mitteilen*.

An sich ist achtsame Kommunikation ja ganz einfach und naheliegend: Wir öffnen unser Herz und sprechen mit unserem Partner über Dinge, die uns wirklich berühren. Und umgekehrt ermuntern wir ihn, uns von Dingen zu erzählen, die ihm wichtig sind. Während wir reden, hört er zu, und während er redet, hören wir zu – das ist im Grunde auch schon alles.

Und worüber sollten wir reden? Wenn wir von Herz zu Herz kommunizieren wollen, ist auch das naheliegend: Dann sollten wir natürlich nicht über die Organisation des Alltags, sondern über unsere Gefühle, unser Innenleben, unsere Sorgen und Hoffnungen sprechen. Und selbstverständlich können wir uns dabei auch schwierigen Themen widmen wie etwa Verlustängsten, Unzufriedenheit, beruflichen Problemen, unterschiedlichen Auffassungen in der Kindererziehung, unerfüllten Träumen und so weiter.

Praxis: »Rechte Rede« – Mit dem Herzen sprechen

Die *rechte Rede* ist eine Säule des achtfachen Pfades im Buddhismus. Im Kern geht es dabei darum, dass wir unsere Worte achtsam, und das heißt vor allem auf heilsame und einfühlsame Weise benutzen und dass unsere Sprache wohlwollend, freundlich und aufrichtig ist.

Die vier Prinzipien der *rechten Rede*, die in vielen buddhistischen Schriften erwähnt werden, sollen uns daran erinnern, dass alles, was wir zu uns und anderen sagen, Wirkungen hat. In gewisser Weise handelt es sich dabei um die fernöstliche Variante unserer Redewendung »Wie man in den Wald hineinruft, so schallt es heraus«. Allerdings sind die Anweisungen zur *rechten Rede* deutlich detaillierter. Die vier Säulen sind:

- **Nicht lügen.** Wahrhaftigkeit und Ehrlichkeit sind eine wichtige Voraussetzung für Offenheit. Wenn wir unseren Partner belügen oder betrügen, werden wir uns nicht wirklich mit ihm verbunden fühlen. Zudem lasten Lügen auf unserem Gewissen und erschweren es uns, heiter, gelassen und mitfühlend zu sein.
- **Nicht lästern.** Das bedeutet, dass wir bei anderen nicht schlecht über unseren Partner oder andere Menschen reden sollten. Im weiteren Sinne geht es auch darum, nicht dazu beizutragen, dass sich negative Gedanken und Gehässigkeit ausbreiten.
- **Nicht verletzen.** Gewaltlosigkeit – auch im Sprechen – ist die vielleicht wichtigste Regel, sowohl im Buddhismus als auch in

vielen anderen Weisheitsschulen. »Nicht verletzen« beinhaltet, dass wir Worte benutzen, die weder grob, beleidigend noch abwertend, sondern im Gegenteil freundlich, zugewandt und verständnisvoll sind.

- **Nicht schwätzen** oder »sinnvolle Rede« heißt, dass wir unsere Energie nicht mit Klatsch und Tratsch vergeuden sollten. Wenn wir viele Worte um Banalitäten verlieren, wird es uns schwerfallen, innerlich Frieden und Ruhe zu erfahren. »Nicht schwätzen« meint im weiteren Sinne jedoch auch, lieber etwas länger nachzudenken, bevor wir etwas sagen und zum richtigen Zeitpunkt zu sprechen, damit die Saat unserer mitfühlenden Worte aufgehen kann.

Nicht lügen, nicht verletzen, nicht lästern und nicht schwätzen – das sind die vier Säulen der *rechten Rede*, und sie bewahren uns davor, unachtsam mit anderen oder uns selbst umzugehen. Um eine neue, liebevollere Gesprächskultur zu kultivieren, ist es jedoch hilfreich, noch vier weitere Punkte zu beachten. Durch sie ermöglichst du es dir und deinem Partner, mehr Verständnis für einander zu entwickeln. Gleichzeitig entziehst du Konflikten, die sich in Gesprächen leicht aufschaukeln können, ihren Nährboden.

Praxis: Vier Regeln der achtsamen Kommunikation

1. Achtsame Kommunikation funktioniert auch, wenn dein Partner noch nie etwas davon gehört hat und/oder sich nicht dafür interessiert. Wichtig ist nur, dass du den ersten Schritt machst. Am einfachsten gelingt das, indem du deinen Fokus während eurer Gespräche zunächst auf deine eigenen Reaktionen richtest und gut auf deine Gefühle und dein Herz achtest.

2. Natürlich solltest du grundsätzlich auch daran interessiert sein, wie es deinem Partner geht. Wie fühlt er sich? Was fehlt ihm gerade? Welche Werte sind ihm besonders wichtig? Sehnt er sich beispielsweise nach mehr Nähe, nach mehr Freiheit, nach Ruhe, Sicherheit, Klarheit oder neuen Erfahrungen? Wenn ihr achtsam miteinander sprecht, wirst du schnell heraushören, welche Gefühle oder Werte in seinen Worten zum Ausdruck kommen.
3. Signalisiere deinem Partner, dass er so, wie er ist, vollkommen okay ist. Er darf alles ansprechen – es wird nichts an deiner Wertschätzung für ihn ändern. Offenheit und Achtsamkeit helfen dir, zuzuhören und auf deine emotionalen und körperlichen Reaktionen zu achten, ohne zum Gegenangriff überzugehen.
4. Bei der achtsamen Kommunikation geht es nicht darum, Probleme zu lösen. Es geht darum, zu verstehen und »die Dinge stehen zu lassen«. Falls du zu den Menschen gehörst, die finden, dass Probleme dazu da sind, möglichst rasch gelöst zu werden, wird es dir vielleicht schwerfallen, nicht gleich gute Ratschläge zu erteilen. Dann wirst du dazu neigen, die Dinge so lange zu analysieren, bis der Partner zustimmen »muss« – was er natürlich trotzdem nicht tun wird. In der achtsamen Kommunikation ist es viel hilfreicher, zuzuhören, ruhig zu bleiben und den Problemen genug Raum zu geben, um da zu sein und sich dann auch wieder von selbst aufzulösen.

Achtsames Zuhören

Man sollte ja eigentlich meinen, dass es nicht besonders schwierig ist, seinem Gesprächspartner zuzuhören. Schließlich müssen wir unser Bewusstsein nur auf Empfang stellen und können uns ansonsten zurücklehnen. Doch leider ist genau das Gegenteil der Fall, und wer in einer Zweierbeziehung lebt, weiß nur zu gut, wie selten es vorkommt, dass uns der andere wirklich mit ganzer Seele zuhört. Oder wir ihm.

Manchmal sollten wir uns fragen, wem wir eigentlich mehr zuhören: dem anderen oder unseren eigenen Gedanken? Während unser Gesprächspartner spricht, sind wir abgelenkt, geben innerlich unseren Senf dazu, kommentieren und urteilen und wissen schon, was wir sagen werden, bevor der andere auch nur einen Satz fertig formuliert hat. Und natürlich merkt er schnell, dass wir nur mit einem Ohr zuhören. Ebenso wie wir es ja auch spüren, wenn wir etwas erzählen wollen und unser Partner den Blick schweifen lässt, mit seiner Aufmerksamkeit ganz woanders ist, womöglich auf sein Smartphone schielt oder ihm die Unruhe anzusehen ist, da er seine Antwort schon im Kopf hat. Ohne einen echten Zuhörer gibt es keine Resonanz. Es ist, als ob man gegen eine Wand spricht – man fühlt sich nicht ernst genommen, nicht gehört.

Viele Paare glauben, dass es in Beziehungen darum geht, sich gegenseitig möglichst gute Tipps an die Hand zu geben. Dabei wäre es viel wichtiger, einmal ganz still zu werden und wirklich zuzuhören. Nur dadurch können wir uns auf einer tieferen Ebene verbinden.

Es ist eine wunderbare, erfüllende Erfahrung, wenn wir spüren, dass jemand anderes wirklich für uns da ist und uns nicht ständig ins Wort fällt. Ein aktiver Zuhörer hilft uns dabei, unsere Probleme eigenständig zu lösen.

In der achtsamen Kommunikation schenken wir einander genug Zeit und schaffen eine Atmosphäre der Geborgenheit, in der wir laut denken können. Im Grunde kennen wir alle die Antwort auf unsere Schwierigkeiten nämlich selbst am besten – wir müssen sie nur einmal in Ruhe aussprechen dürfen. Erfahrungen werden erst fassbar, wenn sie in Worten gedacht oder eben noch besser *ausgesprochen* werden können.

Gute Zuhörer sind sehr selten, was daran liegt, dass Zuhören eine besondere geistige Präsenz erfordert. Zuzuhören heißt ja nicht etwa, dass wir einfach stillhalten, bis der andere fertig ist. Achtsames Zuhören ist ein aktiver Prozess, der neue Erkenntnisse und tieferes Verständnis ermöglicht. Und dazu braucht es Konzentration. Wir können nur dann mit ganzem Herzen zuhören, wenn wir offen im Hier und Jetzt sind, unserem Partner unsere ganze Aufmerksamkeit schenken und das Zuhören als eine Form der Meditation praktizieren.

»Zuhören ist eine Kunst wie das Verstehen von Poesie.«

ERICH FROMM

Praxis: Achtsames Zuhören

Achtsames Zuhören ist keine Strategie, sondern eine innere Haltung, bei der wir uns dem anderen zuwenden, wertfrei, mitfühlend und freundlich sind und unserem Partner signalisieren, dass wir jetzt ganz für ihn da sind. Die folgende Übung hilft dir, achtsames Zuhören gemeinsam mit deinem Partner auszuprobieren, und es ist sehr wahrscheinlich, dass ihr diese Art der sanften Kommunikation auch in Zukunft pflegen werdet:

- Nehmt euch etwas Zeit, miteinander zu reden. Legt ein Thema fest, worüber dein Partner gern sprechen möchte. Vielleicht etwas, das ihm derzeit am Herzen liegt, ein Ziel oder ein Traum, etwas, worüber er sich besonders freut oder auch ganz im Gegenteil eine belastende Situation oder etwas, was ihm Sorgen macht.

- Legt eine Zeit fest – zum Beispiel fünf Minuten –, und stellt einen Timer entsprechend ein. In diesen fünf Minuten darf dein Partner über sein gewähltes Thema sprechen – dabei gelten folgende Regeln:
  - Du hörst nur zu, du fragst nicht nach und kommentierst nicht.
  - Wenn er längere Zeit nichts sagt, bleibst auch du still.
  - Wenn möglich, dann lass dich nicht ablenken und schweife nicht gedanklich ab, sondern versuche, wirklich zu verstehen und anzunehmen, was dein Partner sagt.
  - Achte auf seine Wortwahl, sein Sprechtempo, aber versuche auch, zwischen den Zeilen zu lesen, indem du nicht nur auf seine Stimme, sondern auch auf seine Stimmung achtest.
- Nach fünf Minuten oder nach der Zeit, die ihr festgelegt habt, versuchst du nun, inhaltlich in deinen eigenen Worten ungefähr das wiederzugeben, was dein Partner gesagt hat. Als einleitender Satz eignet sich: »Wenn ich dich richtig verstanden habe, dann geht es dir darum …« Spiegele nur, was er gesagt hat, ohne eigene Kommentare oder Wertungen hinzuzufügen. Fasse es einfach kurz zusammen.
- Dein Partner kann jetzt das, was du sagst, ergänzen, korrigieren oder konkretisieren.
- Anschließend tauscht ihr die Rollen: Diesmal sprichst du über dein Thema, und dein Partner versucht achtsam zuzuhören.
- Zum Abschluss der Übung könnt ihr euch austauschen und einander mitteilen, was ihr während des Sprechens, aber auch während des Zuhörens empfunden habt, wobei ihr euch weniger auf

den Inhalt des Gesprächs als auf eure Wahrnehmung und eure Gefühle konzentrieren solltet.

Praxis: Fragen, die von Herzen kommen

Diese Übung in achtsamer Kommunikation kannst du gut mitten im Leben anwenden, beispielsweise am Abend, am Wochenende oder während eines gemeinsamen Ausflugs. Das Ganze funktioniert auch, wenn dein Partner nichts von mitfühlender Kommunikation weiß. Im Gegensatz zur vorherigen Übung musst du diesmal allerdings kreativ sein und herausfinden, welche Frage in welcher Situation passend ist.

Alle Fragen, die du deinem Partner stellst, zielen darauf ab, ihn besser zu verstehen und von der Oberfläche in die Tiefe durchzudringen. Auch hierbei ist es daher ganz entscheidend, dass dein Ton einfühlsam, freundlich und keinesfalls provozierend oder vorwurfsvoll sein sollte. Ebenso ist es wichtig, nicht zu bewerten oder zu verurteilen, was dein Partner sagt. Schalte ausschließlich auf Empfang, nicht auf Senden. Hier sind einige Fragen, die du deinem oder deiner Liebsten in dieser oder abgewandelter Form stellen kannst:

- Was ist dir wichtig? Worum geht es dir dabei?
- Warum machst du das so? Worauf kommt es dir an?
- Was beschäftigt dich im Augenblick?
- Wovon träumst du – was würdest du gern noch erreichen?
- Wovor hast du am meisten Angst?
- Worüber musst du dich oft ärgern?
- Worauf freust du dich zurzeit?

Nicht zu viel erwarten

Wir leben in einer Kultur, in der wir von Kindheit an dazu erzogen wurden, uns eine Meinung zu bilden und diese auch nach außen zu vertreten. Dass einige ihre Meinung notfalls auch mit Gewalt durchsetzen, gehört zu den Dingen, die unsere Welt zu einem gefährlichen Ort gemacht haben. Wir legen großen Wert darauf, recht zu behalten. Wortgefechte gelten in unserer Gesellschaft und vor allem in den Medien als interessant. Viele Menschen sind der festen Meinung, dass es darum ginge, andere Menschen vom eigenen Standpunkt zu überzeugen.

Ebenso wie dir Achtsamkeit eine vollkommen neue Perspektive ermöglicht, führt achtsame Kommunikation dazu, dass du in deinem Gegenüber keinen Gegner mehr sehen wirst, sondern einen Menschen, der so sein darf, wie er ist, da dessen So-Sein dein So-Sein bereichert und ergänzt.

Erwarte jedoch nicht allzu viel. Es dauert eine Weile, bis wir alte Muster der Rechthaberei auflösen können, in die wir wahrscheinlich auch immer wieder einmal hineinrutschen werden. In jeder Minute ergibt sich jedoch wieder eine neue Gelegenheit, liebevolle Achtsamkeit zu üben. Dazu ist es nie zu spät. Selbst nach einem Streit kannst du noch einmal auf deinen Partner zugehen – diesmal einfühlsamer und mitfühlender. Letztlich musst du dir die Frage stellen, die wir uns alle stellen sollten:

Was ist dir wichtiger – recht zu behalten oder glücklich zu sein und zu lieben?

Kinder mitfühlend begleiten

»Mit einer Kindheit voller Liebe aber kann man ein halbes Leben lang die kalte Welt aushalten.«

Jean Paul

Unsere Kinder leben in schwierigen Zeiten. Die Zukunft ist ungewiss, der gesellschaftliche Druck ist enorm, und wir stehen vor großen globalen Veränderungen, mit denen unsere Kinder sicher noch mehr zu kämpfen haben werden als wir. Die meisten Kinder – zum Teil auch schon sehr junge – verbringen viel Zeit im Internet, doch auch die Onlinewelt ist zu einem Ort der Bedrohung geworden. Cybermobbing, Gewaltdarstellungen und Hassbotschaften können vor allem bei jüngeren Kindern tiefe Verletzungen hinterlassen. Auch der Umgangston von Kindern und Jugendlichen untereinander ist vielfach gröber geworden, und als Eltern stehen wir täglich vor der Frage, wie wir all dem begegnen können.

Jede Mutter und jeder Vater möchte für seine Kinder nur das Beste. Wir wollen unsere Kinder glücklich sehen und wünschen uns von Herzen, sie vor Leiden bewahren zu können. Und doch gibt es nur sehr wenig, was wir äußerlich tun können. Mit etwas Glück können wir ihnen ein Heim bieten, ihre Grundbedürfnisse erfüllen und sie so gut es eben geht vor negativen Einflüssen schützen. Doch wir können die Welt nicht ändern. Wir können die Menschen nicht ändern. Und wir können unsere Kinder auch nicht davor schützen, all die schlimmen Erfahrungen zu machen, die ebenso wie die schönen zum menschlichen Leben dazugehören und die inneres Wachstum erst ermöglichen. Wir können sie nicht vor Kummer, Verletzungen, Zurückweisung oder Schicksalsschlägen wie Verlusten bewahren. Das Leben macht, was es will, und wir stecken ebenso wie unsere Kinder mittendrin.

Und doch ist da diese eine überaus wichtige Sache, die wir sehr wohl tun können und die wir unseren Kindern und auch uns selbst schuldig sind:

**Ob in ruhigen oder stürmischen,
in guten oder schlechten Zeiten: Wir können unsere Kinder mitfühlend begleiten und für sie da sein. Wir können ihnen unsere ganze Präsenz und unsere volle Aufmerksamkeit schenken. Und so schenken wir ihnen etwas, das sehr viel wertvoller ist als jedes noch so teure Spielzeug –
Liebe, Vertrauen und die Kraft,
ihren eigenen Weg zu finden.**

Liebevolle Achtsamkeit in der Erziehung

Es gibt so einiges, was wir vom Buddhismus lernen können. Aber um die Herausforderungen unserer Zeit gemeinsam mit unseren Kindern bewältigen zu können, stehen Achtsamkeit und Mitgefühl ganz oben auf der Liste.

Eine achtsame, einfühlsame Erziehung – oder sagen wir lieber ein achtsamer, mitfühlender *Umgang* miteinander – hilft Kindern, inmitten einer immer verrückter werdenden Welt die Orientierung zu behalten. Ein Kind, das sich von seinen Eltern oder doch zumindest einem Elternteil verstanden und geliebt fühlt, wird sich nicht so schnell aus der Bahn werfen lassen.

Durch eine offene, achtsame Haltung ermöglichen wir es unseren Kindern, nicht nur ihren Verstand, sondern auch ihr Herz zu entwickeln. Unabhängig davon, ob wir kleine oder große Kinder haben, gibt es doch einige Dinge, die für sie alle gleichermaßen wichtig sind. Wenn du deinen Kindern das kostbare Geschenk der liebevollen Achtsamkeit machen möchtest, solltest du ein paar Punkte beachten:

Nimm dir Zeit für deine Kinder

Vielleicht hast du im Trubel des Alltags ja nur sehr wenig Zeit, doch das ist nicht weiter schlimm. Es kommt nicht so sehr auf die Dauer als vielmehr auf die Qualität der gemeinsam verbrachten Zeit an. Genieße zusammen mit deinen Kindern jeden kleinen Augenblick der Freude, teilt eure Erfahrungen, geht mitten im Alltag auf Abenteuerreise, lacht und weint zusammen – feiert eure Verbundenheit.

Wende dich deinen Kindern zu

Gib ihnen 100 Prozent. Mindestens! Schaue sie an, wenn sie dir etwas sagen wollen, und höre ihnen zu. Jeder achtsam erlebte Augenblick mit deinen Kindern ist sehr viel wertvoller als dein Smartphone und deine Facebook-Nachrichten, als Zeitungen oder Fernsehsendungen. Du hast nur eine Zeit, um glücklich zu sein und zu lieben – und diese Zeit ist jetzt. Versäume nicht deine Verabredung mit dem Leben, verpasse nicht die Begegnung mit deinem Kind oder deinen Kindern.

Lass es geschehen

Kinder können sehr fordernd sein. Sie können einen an den Rand des Wahnsinns treiben. Aber weißt du was: Dieser Rand ist allemal besser als die graue Eintönigkeit unseres Alltags mit seinen nie endenden To-do-Listen, besser als viele unsere »vernünftigen« Einstellungen, die oft nur dazu führen, dass wir unser Herz vergessen.

Um Kindern genug Raum zu lassen, müssen wir entspannt sein. Umso besser, denn an dieser Herausforderung können wir am besten lernen loszulassen. Nur indem wir loslassen, gewinnen wir auch selbst mehr Freiheit – und loslassen müssen wir so einiges: zum Beispiel die Vorstellung, dass wir wissen, was richtig ist, und dass unsere Kinder das nicht wissen, weshalb wir sie in die richtige Richtung führen müssen. Doch wer weiß: Vielleicht ist es ja genau umgekehrt. Nicht umsonst heißt es, dass Kinder die besten Lehrer für uns sind oder wie es der österreichische Dichter Peter Rosegger es ausdrückte: »Die Kinder sind die wirklichen Lehrmeister der Menschheit.«

Sag Ja zu deinem Kind

Dabei geht es natürlich nicht darum, alles gut zu finden und eine antiautoritäre Erziehung an den Tag zu legen. Kinder brauchen Grenzen, um sich orientieren zu können. Doch ebenso brauchen sie das Gefühl der emotionalen Rückendeckung. Und das können wir ihnen nur vermitteln, wenn wir sie aus ganzem Herzen als die besonderen Wesen annehmen und akzeptieren, die sie sind. Damit wir unseren Kindern offen und auf lebendige Weise begegnen können, werden wir sicher das eine oder andere Mal über unseren Schatten springen und unsere bisherigen Ansichten aufgeben müssen.

Von Wurzeln und Flügeln

»Wenn Kinder klein sind, gib ihnen Wurzeln.
Wenn sie groß sind, verleih ihnen Flügel.«
AUS INDIEN

Die Ansicht, dass kleine Kinder Stabilität und große Kinder Freiheit brauchen, ist schon richtig – allerdings stimmt ihr Gegenteil ebenso: Alle Kinder brauchen nämlich sowohl Wurzeln als auch Flügel, die Frage ist nur: Wann braucht mein Kind was? Die Schwierigkeit liegt darin, zu erspüren, was für unser Kind gerade wichtiger ist – Wurzeln oder Flügel.

Wurzeln symbolisieren Halt,
Vertrauen, Beständigkeit und Erdung.
Flügel repräsentieren Freiheit, Offenheit, Inspiration,
Träume und neue Erfahrungen.

Wenn du deinem Kind Wurzeln geben möchtest, bedeutet das in erster Linie, dass du für es da sein solltest. Sicher nicht immer, aber doch in schwierigen Zeiten, wenn dein Kind dich wirklich braucht – beispielsweise wenn es traurig ist, verletzt wurde oder Probleme in der Schule oder mit Mitschülern hat. Später, in der Pubertät, braucht dein Kind dich vielleicht eher, um sich in einer Zeit des Umbruchs und der Identitätsfindung orientieren zu können. In diesen Zeiten ist es die Aufgabe der Eltern, ihren Kindern Halt und Vertrauen zu geben. Durch achtsames Zuhören und einfühlsames Nachfragen (siehe Übung »Fragen, die von Herzen kommen« aus dem Kapitel »Liebevolle Achtsamkeit in der Beziehung leben«). Durch Ruhe und Mitgefühl gelingt das aber sehr viel besser, als wenn wir Ratschläge erteilen oder Patentlösungen im Gepäck haben.

Im Umgang mit Kindern authentisch zu bleiben, ist oft alles andere als leicht. Meistens meinen wir ja, dass wir als »erfahrene Erwachsene« die Lösung für alle Kinderprobleme parat haben sollten. Und dann tun wir so, als wüssten wir Bescheid. Sinnvoller wäre es aber, richtig zuzuhören, Verständnis zu zeigen und gegebenenfalls zuzugeben, dass wir die Lösung auch nicht kennen: »Oh je – das tut mir leid. Das hört sich wirklich schlimm an. Ich weiß auch gerade nicht, was ich da machen würde …«

Erstaunlicherweise ist diese Nicht-Lösung oft besonders hilfreich. Darüber hinaus sollten wir unseren Kindern erklären, dass unangenehme Erfahrungen wie Traurigkeit, Peinlichkeiten oder Wut unvermeidlich, aber vergänglich sind und dass jeder Mensch diese Zustände erlebt – auch wir selbst.

Deinem Kind Flügel zu verleihen ist oft noch schwerer. Und doch kannst du dein Kind nur zu einem starken, selbstverantwortlichen und selbstbewussten Menschen machen, wenn du ihm genug Freiheit gibst, seine eigenen Kräfte zu entdecken und zu entwickeln. Übrigens ist es gar nicht leichter, Jugendliche loszulassen als kleine Kinder, wenn die Gefahren sich auch sehr unterscheiden. Jugendliche werden nicht so leicht von der Schaukel fallen, Kleinkinder sind nicht gefährdet, betrunken Moped zu fahren …

Die richtige Balance zwischen Halten und Loslassen, zwischen Führung und Gelassenheit zu finden, ist nicht nur eine Frage des richtigen Bauchgefühls, sondern auch eine Frage der Übung. Auch als Eltern müssen wir ständig Neues lernen – und natürlich werden wir manchmal Fehler machen, sodass wir beim nächsten Mal hoffentlich weiser reagieren können.

Im Grunde sind Wurzeln und Flügel gar nicht voneinander zu trennen. Wir können unsere Kinder äußerlich loslassen und innerlich doch bei ihnen bleiben. Ebenso können wir sie halten und ganz fest umarmen und gleichzeitig entspannt und gelassen sein, damit alle genug Raum haben, um frei atmen zu können.

Auf dich kommt es an!

Kinder orientieren sich an Vorbildern. Sie lernen durch Nachahmung. Bei kleinen Kindern ist das noch ganz offensichtlich, doch es trifft auch für größere zu. Und das stärkste Vorbild deiner Kinder bist nun einmal du. Die Art, wie du mit dir selbst umgehst, wie du deinem Partner, Freunden oder auch Fremden begegnest, prägt sich deinen Kindern ein. Dabei geht es weniger um das äußere Verhalten als vielmehr um deine geistige Haltung, denn die färbt besonders stark auf die Seele deiner Kinder ab. Die geistige Atmosphäre, die du in dir und um dich herum schaffst, ist der entscheidende Faktor, und er wird entweder hemmend oder beflügelnd auf deine Kinder wirken.

- Bist du im Frieden mit dir und deinen Schwächen – oder bekämpfst du dich selbst wie einen Feind?
- Kannst du loslassen, lächeln und dich entspannen – oder bist du ständig auf 180 und immerzu im Stress?
- Schleppst du einen ganzen Sack voller Vorurteile, fester Meinungen und eiserner Prinzipien mit dir herum – oder bist du offen und neugierig, ohne andere Menschen in Schubladen zu stecken?

Damit du achtsam mit deinen Kindern, aber auch mit anderen Menschen umgehen kannst, musst du erst lernen, achtsam mit dir selbst umzugehen. *»Wenn wir gut für unsere Kinder sorgen wollen, müssen* *wir gut für uns selbst sorgen«*, schrieb der buddhistische Mönch Thich Nhat Hanh. Du kannst nur ein Vorbild in Glücklichsein und Gelassenheit sein, wenn du auch wirklich glücklich und gelassen bist.

Menschen neigen oft dazu, ihre eigenen Bedürfnisse zu vernachlässigen. Und da Eltern auch nur Menschen sind, gilt das für sie genauso. Wenn du Kinder, Job, Haushalt und deine sozialen Kontakte unter einen Hut bekommen musst, hast du wahrscheinlich ein Problem. Wir haben nun einmal nur zwei Arme, und Multitasking funktioniert nachweislich nicht, sondern zerstreut nur unseren Geist und kostet eine Menge Energie. Wenn du dich selbst im Alltag verlierst und nur noch von Aufgabe zu Aufgabe hetzt, wird sich das auf Dauer verheerend auf deine Beziehungen und natürlich auch auf die Beziehung zu deinen Kindern auswirken. Deine Art, auf Anforderungen zu reagieren, »vererbt« sich. Und es ist recht wahrscheinlich, dass auch deine Kinder später ähnliche Stressreaktionsmuster ausbilden werden.

Doch es geht auch anders. Durch die Praxis der liebevollen Achtsamkeit wirst du etwas Interessantes entdecken: Eine lange Aufgabenliste muss nicht zwangsweise Stress auslösen. Wenn du einmal wirklich verstehst, dass du immer nur eine Sache und dann erst die nächste machen kannst, ist es nur noch ein kleiner Schritt zur inneren Sammlung.

Das ganze Geheimnis besteht darin, innezuhalten, den Fokus immer nur auf den jetzigen Augenblick, auf die jetzige Aufgabe zu lenken und die Gedanken an später, an all das, was noch zu tun ist, loszulassen. Dann wird Tee trinken zu »nur Tee trinken – sonst nichts«, telefonieren zu »nur telefonieren – sonst nichts« und Steuerbelege sortieren zu »nur Steuerbelege sortieren – sonst nichts«. Dann wird jede Minute des Tages zu einer Meditation.

Apropos Meditation: Ablenkung und Zerstreuung verwirren den Geist. Innere Sammlung macht glücklich und friedvoll. Falls du die Zeit findest, auch nur zehn Minuten am Tag zu meditieren (zum

Beispiel mit der Übung »Liebevolles Atmen« aus dem Kapitel »Mitgefühl im Alltag leben«), schaffst du dir genau die Ruheinsel, die du täglich brauchst, um dich nicht zu verlieren. Lass immer nur eine Sache in deinem Geist sein, und Ruhe und Heiterkeit werden die ganz natürliche Folge sein. Dann wird die Kunst der geistigen Sammlung nicht nur dein Leben, sondern auch das deiner Kinder von Grund auf verwandeln.

Nicht am Gras ziehen

»Bei Kindern braucht man ein Gläschen voll Weisheit,
ein Fass voll Klugheit und ein Meer voll Geduld.«

Franz von Sales

Kinder bringen uns an unsere Grenzen. Vor allem kleine Kinder scheinen einen heimlichen Spaß daran zu haben, unsere Belastungsgrenzen regelmäßig auszutesten. Tatsächlich sind es natürlich gar nicht unsere Kinder, die uns ungeduldig werden lassen. Vielmehr ist es die Tatsache, dass unsere Kinder sich ebenso wenig wie das Leben um unsere Idealvorstellungen scheren.

Wenn du dein Kind achtsam und mitfühlend erziehen willst, ist Geduld neben Humor die wichtigste Voraussetzung. Zum Wohl deiner Kinder, aber auch zu deinem eigenen Wohl ist es wichtig, euch viel Raum zu geben. Enge Grenzen sind hinderlich. Und Wachstum braucht Zeit. Deine Kinder brauchen die Zeit, um lernen zu können – was heißt, dass sie Fehler machen müssen, auch wenn das dazu führt, dass du ab und zu die Nerven verlieren wirst. Und du selbst brauchst ebenfalls Zeit, um nachsichtig mit dir zu sein und zu akzeptieren, dass es vollkommen in Ordnung ist, ab und zu die Nerven zu verlieren.

Geduld wirkt in beide Richtungen. Wann immer du mit deinen Kindern oder dir selbst ungeduldig bist, solltest du bedenken, dass das Gras, wie man in Afrika sagt, nicht schneller wächst, wenn du daran ziehst.

Ungeduld ist ein unangenehmer Zustand. Eine Art innerer Anspannung. Wenn wir ungeduldig werden, zeigt uns das, dass die Realität nicht unserer Erwartung entspricht und wir die Dinge anders haben wollen, als sie sind. Und das verstärkende Wörtchen »zu« verrät uns, wann wir die Geduld verlieren – etwa wenn unser Kind »zu langsam«, »zu unordentlich«, »zu schwer von Begriff« ist oder »zu lange braucht«. Ungeduld ist zermürbend und führt auch nicht zum Ziel. Kinder lassen sich nämlich am besten motivieren und begeistern, wenn wir geduldig mit ihnen umgehen.

Auch wenn uns das alles klar sein sollte, heißt das leider nicht, dass wir nicht trotzdem immer wieder einmal ungeduldig sein werden. Jeder Mensch steht gelegentlich unter starker Spannung. Die Anforderungen des Alltags, Stress im Job, Ärger mit dem Partner, Überforderung oder auch gesundheitliche Probleme zerren an unseren Nerven.

Hinzu kommt, dass es uns bei Menschen, die uns sehr nahestehen, besonders schwerfällt, gelassen zu bleiben. Alles, was mit unseren Kindern und der Erziehung zusammenhängt, nehmen wir sehr persönlich. Und je kleiner der gesunde Abstand zwischen uns und unseren Kindern ist, desto eher werden wir die Geduld verlieren.

Kinder lassen Gläser auf den Boden fallen,
treten barfuß in die Scherben,
laufen mit matschigen Gummistiefeln
über den frisch gesaugten Teppich,
bringen schlechte Noten mit nach Hause,

verlieren ihr Lieblingsspielzeug oder ihr Smartphone, wollen ständig, dass man mit ihnen spielt oder etwas mit ihnen macht, können nicht einschlafen oder stehen nachts fünfmal auf, bekommen in der Öffentlichkeit Schreianfälle oder kurz vor den Ferien Windpocken …

Was unsere Kinder uns so alles zumuten, grenzt ans Unzumutbare. Daher ist es so wichtig, dass wir auch mit uns selbst geduldig sind. Niemand kann vierundzwanzig Stunden am Tag gelassen bleiben, und wer das von sich selbst fordert, wird am Ende des Tages einen Haufen Schuldgefühle angesammelt haben.

Manchmal wird einem alles zu viel. Dann ist es auch vollkommen in Ordnung, Dampf abzulassen und laut zu werden. Es versteht sich, dass wir trotzdem weder abwertend noch gewalttätig werden sollten.

Falls du das Problem hast, dass die Pferde leicht mit dir durchgehen, dann lenke deine Achtsamkeit auf dich selbst, deine Reaktion und die Gefühle, die du in dir wahrnehmen kannst. Statt also gleich loszuschreien und deine Wut auszuagieren, kannst du erforschen, was genau Ungeduld eigentlich ist. Was bewirkt sie in dir – wie verändern sich deine Gedanken, deine Emotionen? Was macht dein Atem? Wie fühlt sich dein Körper an, und wo im Körper kannst du die Ungeduld spüren?

Durch Achtsamkeit kannst du die Situation entschärfen und für etwas mehr innere Ruhe sorgen. Es ist, als würdest du kurz auf einen Turm steigen, um dir das Geschehen von oben anzusehen. Und wenn dein Kind groß genug ist, kann es oft auch hilfreich sein, nicht auf den imaginären Turm zu klettern, sondern den Raum tatsächlich für einen Augenblick zu verlassen, um durchzuatmen.

Praxis: Dein System neu starten

Warte nicht, bis dir der Geduldsfaden reißt. Spätestens dann, wenn der Faden stramm gespannt ist, solltest du die Spannung herausnehmen. Schon ein kleiner Augenblick der Geduld kann dich und deine Kinder vor großen Problemen bewahren.

Es gibt eine sehr einfache Übung, um deinem Geist einen Neustart zu ermöglichen und dich von starken Emotionen zu befreien. Dabei benutzt du deinen Atem, um deinen Puls wieder zur Ruhe kommen zu lassen. Die Übung mag sehr unspektakulär scheinen, sie dauert kaum länger als dreißig Sekunden und trotzdem gehört sie zu den wirkungsvollsten Methoden, um Stress abzubauen:

- Atme tief durch den Mund aus.
- Atme sanft durch die Nase ein und zähle innerlich ganz langsam bis vier.
- Atme durch den leicht geöffneten Mund aus und zähle innerlich langsam bis acht. Lass gleichzeitig bewusst Spannungen in den Schultern, im Nacken, Gesicht und im Bauch los.
- Wiederhole diese Atemweise insgesamt dreimal – jeweils vier Sekunden lang einatmen und doppelt so lange ausatmen.

Praxis: Achtsam spielen, achtsam leben

So wichtig es ist, achtsam mit unseren Kindern umzugehen, so wichtig ist es auch, sie darin zu unterstützen, selbst Achtsamkeit und Mitgefühl zu entwickeln. Den meisten Kindern fällt beides leicht, da sie noch stärker im Hier und Jetzt leben als Erwachsene und einen guten Kontakt zu ihrem Herzen haben. Gut möglich also, dass du von deinen Kindern mehr lernen wirst als sie von dir.

Werde kreativ. Je nachdem, wie alt deine Kinder sind, wie viel Zeit du hast und wie deine Kinder ticken, kannst du dir überlegen, wie du ihre natürliche Neugier und Entdeckerfreude nutzen kannst. Jeder kleine Schritt in Richtung Achtsamkeit wird deinen Kindern helfen, sich besser zu fokussieren und ihren Geist auf die sinnliche Erfahrung des Lebens zu richten, statt sich in medialen Ablenkungen zu verlieren.

- Ob Blumengießen, Händewaschen oder eine Kerze anzünden: Erkläre deinem Kind, dass man alles in Ruhe und achtsam machen kann, ohne nebenbei an anderes denken zu müssen.
- Kleine Yogaübungen helfen, Körperbewusstsein und Achtsamkeit zu entwickeln. Gleichgewichtsübungen wie die Baumstellung, bei der man in Ruhe auf einem Bein steht, sind dabei besonders wertvoll, da sie automatisch zu mehr Konzentration verhelfen.
- Ob dein Kind sich mit dir oder anderen Kindern unterhält: Lege Wert darauf, dass es niemandem ins Wort fällt und dass jeder erst den anderen ausreden lässt, bevor er selbst etwas sagt. Jeder: Das heißt auch du! Vergiss nicht, dass das, was du vorlebst und tust, mehr bedeutet als das, was du sagst.
- Stelle deinem Kind Fragen, mit denen du nicht nur herausfinden kannst, wie es ihm geht, sondern durch die du ihm hilfst, sich selbst klarer wahrzunehmen. Solche Fragen könnten etwa lauten: »Wie fühlst du dich? Bist du fröhlich oder eher traurig? Gibt es etwas, worauf du dich freust? Gibt es etwas, worauf du gar keine Lust hast? Kannst du deinen Körper spüren?«
- Andere Fragen helfen dabei, den Augenblick mit allen Sinnen wahrzunehmen, zum Beispiel: »Hast du gerade kalte oder warme Füße? Wie fühlt sich das Wasser (beim Händewaschen oder in der Badewanne) an? Wie riecht der Orangensaft? Wie viele Sachen kannst du gerade sehen, die gelb sind? Was hörst du

gerade? Wie viele von deinen Fingern kannst du spüren? Und wie viele von deinen Zehen?« Natürlich gibt es hier endlose Möglichkeiten …

- Wenn dein Kind ein Problem hat, dann setzt euch in eine gemütliche Ecke. Versucht, achtsam und mitfühlend mit ihm zu reden, wobei es vor allem darum geht, wirklich zuzuhören und da zu sein.
- Frage dein Kind vor dem Schlafengehen, was heute besonders schön war. Bitte es, sich drei Dinge zu überlegen, über die es sich heute gefreut hat.
- Ganz gleich, ob dein Kind gerade eine Sandburg baut, ein Bild malt, ein Referat für die Schule schreibt oder im Internet nach dem richtigen Kopfhörer sucht – signalisiere, dass du da bist. Zeige Interesse, setze dich dazu, frage nach, was dein Kind macht, warum es das so macht und/oder ob es Hilfe braucht.

Freunde, Fremde, Feinde – Sein Herz für niemanden verschließen

»Brich auf, solange du kannst, zum Land des Herzens.«

Rumi

Liebevolle Achtsamkeit ist kein Patentrezept, kein Psychotrick und auch keine mentale Strategie, die dich in zwei Wochen glücklich, reich und gesund machen wird. Wer immer dir verspricht, dass er durch irgendeine Instantmethode alle deine Probleme lösen kann, lügt. Vielleicht gibt es ja Strategien, um in kurzer Zeit viel Geld zu verdienen oder in ein paar Tagen fünf Kilo abzunehmen – das ist zwar unwahrscheinlich, aber wer weiß. Um aber Mitgefühl in seinem Herzen zu entwickeln, um eine Liebende oder ein Liebender, eine Weise oder ein Weiser zu werden, braucht es schon etwas mehr Zeit. Und das ist sogar sehr gut so, denn die Zeit des Wachstums und der Entwicklung ist keine verlorene Wartezeit, sondern sie erfüllt uns mit Freude und Sinn.

Wenn du geliebt werden willst, wenn du dir wünschst, dass andere sich dir zuwenden und dich wirklich in deinem Wesen erkennen, dann lebe achtsam und liebe. Das ist das ganze Geheimnis. Mehr gibt es nicht zu tun – obwohl …

… auch wenn es simpel klingt, ist es doch gar nicht so einfach, wahre Liebe in sich zu spüren und in die Welt strahlen zu lassen. Das gelingt nur, wenn wir uns Liebe und Mitgefühl zur inneren Haltung machen. Und zwar jeden Tag – und bei jedem Menschen, dem wir begegnen.

Dass Mitgefühl und Güte deine Einstellung zu dir selbst grundlegend verändern werden, dass deine Beziehungen offener und lebendiger werden, dass selbstlose Liebe nichts mit Aufopferung, sondern im Gegenteil damit zu tun hat, ganz bei dir selbst zu sein, und dass die Magie der Liebe alle Bereiche deines Lebens erblühen lassen wird – all das kannst du nur erfahren, wenn du es wirklich »machst«, wenn du ein Herz weit öffnest.

Gleichgültig, ob du Zeit mit deinen Kindern verbringst, dich mit deinem Partner unterhältst, deine Freundin zum Essen einlädst, in einem Team arbeitest, einem fremden Menschen begegnest oder es gar mit schwierigen, unangenehmen Zeitgenossen zu tun hast: Liebevolle Achtsamkeit lässt sich immer und überall üben.

Gelassenheit – Brücke zur liebenden Güte

»Gott, gib mir die Gelassenheit, Dinge hinzunehmen, die ich nicht ändern kann, den Mut, Dinge zu ändern, die ich ändern kann, und die Weisheit, das eine vom anderen zu unterscheiden.«

Reinhold Niebuhr

Manches können und sollten wir aktiv verändern, doch manches können wir nicht beeinflussen, und es wäre eine Verschwendung unserer Energie, es trotzdem zu versuchen. Eine wichtige Erkenntnis, die wir brauchen, um tiefes Mitgefühl zu entwickeln, ist, dass wir andere Menschen nicht ändern können. Nicht einmal darauf, wie sich unser Kind oder unser Partner verhält, haben wir viel Einfluss. Es ist daher wichtig, dass wir an der richtigen Stelle ansetzen, wenn wir Mitgefühl und Liebe in unser Leben bringen wollen, nämlich bei uns selbst.

Während wir andere Menschen wohl oder übel loslassen und sein lassen müssen, können wir unsere Einstellung und unsere Reaktionen sehr gut beeinflussen. Du kannst aus Mücken Elefanten machen, aber ebenso aus sauren Zitronen auch leckere Limonaden – und das einfach deshalb, weil du deine Reaktionen lenken kannst.

Es ist ein großes Vorhaben, für jeden Menschen sein Herz zu öffnen. Manche Leute sind arrogant, rücksichtslos oder sogar beleidigend. Üblicherweise erwarten wir dann, dass der andere sich entschuldigt und empathisch auf unsere verletzten Gefühle reagiert – doch leider sieht die Wirklichkeit anders aus: Auf eine Entschuldigung können wir manchmal lange warten.

Indem du die Ruhe bewahrst und gelassen bleibst, kannst du einen Schritt zurücktreten. Und so kannst du darüber nachdenken, was wohl der Grund für das unangemessene Benehmen deines Gegenübers sein könnte. Vielleicht hatte er einen schlechten Tag. Vielleicht hat er private oder berufliche Probleme – auf jeden Fall kannst du aber davon ausgehen, dass er nicht glücklich ist. Diese Gedanken können dir helfen, auch unangenehmen Menschen gegenüber Mitgefühl zu entwickeln und bei dir selbst zu bleiben, statt aus der Haut zu fahren.

Nimm das Leben nicht persönlich. Ganz gleich, was andere sagen oder tun: Bewahre die Ruhe und gib die Vorstellung auf, dass das Leben anders sein sollte. Schenke dir selbst und dem anderen ein Lächeln.

Streit und Konflikte gibt es schon mehr als genug. Trage ein wenig Gelassenheit und Güte in die Welt – sie kann es gut gebrauchen.

Zu zweit im Hier und Jetzt

»Immer ist die wichtigste Stunde die gegenwärtige; immer ist der wichtigste Mensch der, der dir gerade gegenübersteht; immer ist die wichtigste Tat die Liebe.«

MEISTER ECKHART

Dieses Zitat von Meister Eckhart ist wohl die kürzeste Anleitung zur Praxis der liebevollen Achtsamkeit, die es gibt. Hier ist alles gesagt: Bleibe im Augenblick, schweife nicht in die Zukunft oder Vergangenheit ab, richte deinen Fokus auf das, was du gerade tust und auf den Menschen, den du gerade triffst, und nicht zuletzt: Tue das alles in Liebe und Mitgefühl.

Ergänzen könnte man höchstens, dass es eigentlich nicht nur ein Mensch ist, der der Wichtigste im Hier und Jetzt ist, sondern zwei: dein Gegenüber und du selbst! Es genügt nicht, das Handy auszuschalten, innezuhalten und deine Aufmerksamkeit auf den Menschen zu lenken, der dir gerade begegnet – du musst dich auch selbst spüren. Selbstlos zu lieben heißt nicht, dass du dich selbst verlierst, sondern lediglich, dass du nicht zulässt, dass die Ansichten, Erwartungen und Bewertungen deines Egos die Verbundenheit zu einem anderen Menschen zerstören.

Praxis: Das Fokus-Pendeln

Eine gute Möglichkeit, um anderen auf achtsame und mitfühlende Weise begegnen zu können, bietet diese Übung. Dabei richtest du deine Aufmerksamkeit immer abwechselnd auf dich selbst und deinen Gesprächspartner. Du beobachtest achtsam und freundlich, was der andere sagt und tut, und beobachtest ebenso aufmerksam und offen, wie du dich fühlst. Da du das nicht gleichzeitig machen kannst, lässt du deine Achtsamkeit hin- und herpendeln – mal schneller, mal langsamer. Dadurch wirst du nicht nur dem Menschen, der den Augenblick mit dir teilt, gerecht, sondern kommst zugleich immer mehr bei dir selbst an. Das Pendeln des Fokus kannst du beispielsweise gut bei Gesprächen mit Freunden, Kollegen, Familienangehörigen oder auch flüchtigen Bekannten anwenden:

- (Fokus Ich): Spüre dich selbst, komme zur Ruhe, entspanne deinen Körper, spüre deine Atembewegung.
- (Fokus Du): Höre zu, was der andere sagt, ohne es zu bewerten oder zu kommentieren.
- (Fokus Ich): Lenke deine Achtsamkeit dann wieder auf dich selbst: Was fühlst du? Wie reagierst du auf deinen Partner? Was kannst du loslassen? Kannst du deinen Atem frei strömen lassen?
- (Fokus Du): Lass das Pendel wieder zu deinem Partner schwingen – nimm ihn achtsam wahr, beobachte, wie er sich fühlt, was er sagt, wie seine Stimme klingt, und versuche herauszufinden, was ihm gerade wichtig ist.
- (Fokus Ich): Richte deine Aufmerksamkeit wieder auf dich selbst: Kannst du dich noch mehr in die Situation hinein entspannen? Kannst du eine bessere Verbindung zu deinem Partner herstellen, indem du lächelst und dein Herz öffnest? Oder regen sich Widerstände in dir – fühlst du dich unbehaglich? Nimm einfach

alles wahr. Es geht nicht darum, etwas gut oder besser zu machen, sondern nur darum, nichts festzuhalten, wach und achtsam zu sein.

Vom Ende der Feindschaft

»Liebe ist die einzige Kraft,
die Feinde in Freunde verwandeln kann.«
MARTIN LUTHER KING

Es ist leicht, seine Freunde zu lieben und seine Feinde zu hassen. Das kann jeder. Was aber nicht jeder kann, weil es ein Zeichen großen Mitgefühls, persönlicher Reife und außergewöhnlicher Güte ist: seine Feinde lieben.

Der biblische Ausspruch, wonach wir unsere Feinde lieben sollen, widerspricht unserem natürlichen Instinkt. Und doch wäre es sehr heilsam und wohltuend für uns, wenn wir auch mit schwierigen Menschen liebevoll und achtsam umgehen könnten, denn sie werden unseren Weg immer wieder kreuzen.

Wir können jede Begegnung mit unangenehmen Menschen als eine Übung ansehen, um auch dann mitfühlend zu bleiben, wenn es uns schwerfällt. Solange wir uns nur von unserer Sympathie lenken lassen, lernen wir nämlich recht wenig. Eigentlich sollten wir unseren Feinden daher dankbar dafür sein, dass sie uns die Möglichkeit bieten, unseren spirituellen Herzmuskel zu trainieren und Liebe und Sanftmut in uns stark werden zu lassen.

»Wer aber weise ist, der lernt fürwahr von seinen Feinden gar vieles.«
ARISTOPHANES

Ob wir jemanden gut riechen können, ist nur eine Frage der Hormone. Außerdem entscheidet über Sympathie und Antipathie, ob wir die gleiche Wellenlänge wie unser Gegenüber haben oder nicht. Nun gibt es aber unzählige verschiedene Wellenlängen auf der Welt, und es wird recht eintönig und einsam, wenn wir nur auf einer einzigen Frequenz senden und empfangen können. Um unsere innere Reichweite auszudehnen und uns auf ganz vielen verschiedenen Ebenen wohlfühlen zu können, müssen wir die Schutzwälle niederreißen, die wir um unser Herz errichtet haben.

Wenn wir nur solche Menschen in unser Herz lassen, die unsere Sprache sprechen und die unsere Hautfarbe, die »richtigen« Eigenschaften, Interessen und die passende äußere Erscheinung haben, dann ist das so, als würden wir ständig unbarmherzige Grenzsoldaten um unser Herz patrouillieren lassen. Dass wir uns dadurch schützen würden, ist ein bedauerlicher Irrtum. Tatsächlich schneiden wir uns nämlich selbst umso mehr von unserer Verbundenheit zu anderen Menschen ab, je mehr wir uns von unseren Vorurteilen und Vorlieben leiten lassen.

Ob wir auf andere mit Zu- oder Abneigung reagieren, ob wir ihre Nähe suchen oder sie auf Abstand halten, ist selten eine bewusste Entscheidung. Von einigen Ausnahmen abgesehen – manche Menschen verströmen so viel Negativität, dass es tatsächlich besser ist, sie sich vom Leib zu halten, solange wir noch nicht über sehr viel Mitgefühl und Gelassenheit verfügen –, sollten wir immer versuchen, uns nicht von dem befangenen Richter in unserem Kopf, sondern von der unbefangenen Weisheit unseres Herzens leiten zu lassen.

Den Kontakt zu anstrengenden Menschen abzubrechen, darf immer nur das letzte Mittel sein. Das erste und sehr viel weisere Mittel besteht darin, dass wir uns unsere Verbundenheit mit unseren Mitmenschen bewusst machen. Und dass wir uns klarmachen, dass wir mit anderen sehr viel mehr gemeinsam haben, als uns unterscheidet.

Praxis: »Ebenso wie ich ...«

Die folgende Meditation kann dir bewusst machen, dass es letztlich keine »Fremden« gibt. Sie hilft dir, zu erkennen, dass wir alle Menschen sind. Wir atmen die gleiche Luft, bestehen aus den gleichen Zellen, erleben die gleichen Sorgen und Nöte, und wir alle brauchen Nahrung und Zuwendung. Es kommt jedoch darauf an, das nicht nur mit unserem Kopf zu verstehen, sondern es auch als Wahrheit des Herzens zu verinnerlichen.

Du kannst die folgende Übung als klassische Meditation im Sitzen durchführen. Stelle dir dazu einen Menschen vor, mit dem du Probleme hast. Oder du praktizierst diese meditative Reflexion mitten im Alltag, während du mit jemand anderem zusammen bist. Behandle jeden Menschen wie einen guten Freund, indem du dir Folgendes bewusst machst:

- »Ebenso wie ich ist dieser Mensch (hier kannst du ihn auch konkret benennen) dem Leiden unterworfen und muss sich mit Verlusten, Krankheiten, Misserfolgen, Schmerzen, dem Altern und dem Tod abfinden.«
- »Ebenso wie ich ist dieser Mensch nicht frei von Gier, Hass und Täuschung.«
- »Ebenso wie ich hat dieser Mensch das Recht, nach Glück zu suchen, und ebenso wie ich wird er dabei manchmal auf Abwege geraten.«
- »Ebenso wie ich will dieser Mensch sicher und geborgen sein, hat Angst vor Gewalt und möchte sich und seine Familie vor Unheil schützen.«
- »Ebenso wie ich leidet dieser Mensch manchmal unter Sorgen, Selbstzweifeln, depressiven Verstimmungen, Einsamkeit oder Ängsten.«

- »Ebenso wie ich macht dieser Mensch Fehler und Dummheiten. Und ebenso wie ich hat er Träume, von denen einige in Erfüllung gehen, viele aber auch nicht.«

Und immer wieder nach dem Guten suchen

»Willst du dir selbst eine Freude machen,
so konzentriere dich auf die Vorzüge deiner Mitmenschen.«

MARC AUREL

Jemanden zu lieben, den wir nicht ausstehen können, ist unmöglich. Wir können noch so viel von selbstloser Liebe schwärmen – es reicht bereits, dass uns die Nase eines anderen nicht gefällt, und schon ist es um unser Mitgefühl geschehen.

Die Nase eines anderen können wir natürlich schlecht ändern. Das ist aber auch gar nicht nötig. Der einzige Weg, wahres Mitgefühl zu entwickeln, besteht darin, dass wir das Gute im anderen zu entdecken versuchen, statt auf seinen Schwachstellen herumzureiten. Statt auf seine Nase können wir uns zum Beispiel auf seine Augen konzentrieren. Statt auf seine Überheblichkeit auf seinen Humor. Statt auf seine grobe Art auf sein großes Herz. Statt auf seine Unsicherheit auf seine Höflichkeit.

Selbst mit Menschen, die uns große Probleme machen oder uns auch nur unangenehm sind, können wir mitfühlend und achtsam umgehen, wenn wir drei Dinge beachten:

- Erstens sollten wir uns selbst gut vorbereiten, indem wir zur Ruhe kommen, uns Selbstmitgefühl schenken und beispielsweise »Liebevolles Atmen« praktizieren (siehe Kapitel »Mitgefühl im Alltag leben«).

- Zweitens können wir durch Übungen wie »Liebevolle Augen« und die Meditation »Mögest du glücklich sein« (beide im Kapitel »Mitgefühl im Alltag leben«) dazu beitragen, dass sich unser Herz öffnet.
- Drittens sollten wir uns immer und immer wieder darum bemühen, das Gute im anderen zu entdecken. Oft sind es nur kleine, unscheinbare Dinge, die an anderen Menschen positiv und liebenswert sind. Doch wenn wir unseren Fokus gezielt darauf richten, können diese kleinen Dinge riesengroß und strahlend werden.

Praxis: Das innere Kind im anderen sehen

Eine einfache Übung, um das Gute in schwierigen Menschen aufzuspüren, besteht darin, dass wir versuchen, Kontakt zu ihrem inneren Kind aufzunehmen. Für die folgende Übung, die du immer einsetzen kannst, wenn du schwierige oder verletzende Menschen triffst oder über sie nachdenkst, brauchst du ein wenig Vorstellungskraft. Stelle dir drei Fragen:

1. Wie war dieser Mensch wohl als kleines Kind? Versuche dir vorzustellen, wie er mit drei oder vier Jahren gewesen sein mag. Wie sah er wohl aus, was hat er gemacht?
2. Was hätte ich getan, wenn dieser Mensch als kleines Kind weinend zu mir gekommen wäre? Wenn er beispielsweise in einer großen Menschenmenge seine Mutter verloren oder sich das Knie aufgeschlagen hätte? Hätte ich das kleine Kind getröstet? Hätte ich es vielleicht sogar in den Arm genommen?
3. *Über welche Kräfte und Qualitäten verfüge ich, die diesem Menschen jetzt helfen könnten?* Könnte ich ihm zum Beispiel mehr Aufmerksamkeit schenken? Kann ich ihn beruhigen, ermuntern,

freundlich zu ihm sein oder ihn mitfühlend behandeln? Oder ihn einfach nur in Ruhe lassen, wenn er gerade das braucht?

**Was äußerlich gesehen getrennt erscheint,
ist innerlich verbunden. Darum traue deinen Augen nicht.
Solange du nicht mit deinem Herzen schaust, wirst
du sonst immer nur die Oberfläche sehen.**

So gut wie möglich, ist genug

Gespannte Erwartung wird selten befriedigt.«

JOHANN WOLFGANG VON GOETHE

Große Erwartungen führen zu großen Enttäuschungen. Wachstum braucht Zeit – ganz gleich ob es um äußeres oder inneres Wachstum geht. Wenn du Klavier spielen lernst, wirst du nicht nach wenigen Wochen Chopin-Etüden beherrschen; wenn du zu meditieren beginnst, wirst du nicht gleich zu einem Meister der Gelassenheit werden. Aber wenn du dranbleibst, werden die Ergebnisse dich selbst erstaunen. Es ist möglich, wundervoll Klavier zu spielen, und es ist ebenso möglich, inmitten aller Unruhe tief in sich zu ruhen und Heiterkeit zu bewahren – aber das klappt eben nicht von heute auf morgen.

Ganz genauso verhält es sich mit der liebevollen Achtsamkeit. Du wirst nicht in ein paar Tagen zu einem zutiefst mitfühlenden, gütigen oder gar weisen Menschen. Du wirst immer wieder in alte Muster zurückfallen. Du wirst beleidigt reagieren, sauer werden, deine Kinder oder deinen Partner anschnauzen und genervt die Augen verdrehen, wenn die Bedienung im Café schon zum zweiten Mal den falschen Kuchen bringt. Das ist alles völlig normal, menschlich und überhaupt kein Problem. Erwarte nicht zu viel von dir. Erwarte nicht, dass sich deine Gefühle und dein Verhalten in Nullkommanichts verändern.

Du hast den ersten Schritt getan. Du hast dir dieses Buch gekauft oder ausgeliehen, und das sicher deshalb, weil dir das Thema Liebe und Mitgefühl am Herzen liegt und du wissen willst, was du konkret tun kannst, freundlicher und sanftmütiger zu handeln. Selbst eine Reise von tausend Meilen beginnt bekanntlich mit einem einzigen Schritt – und du hast diesen Schritt getan! Du bist schon längst unterwegs.

Setze dich nicht selbst unter Druck.
Tue, was du kannst – das ist genug. Besser als
»so gut wie möglich« geht sowieso nicht.

Deine Absicht, mehr zu lieben und dich weniger abhängig von der Zu- oder Abneigung anderer zu machen, ist Gold wert. Jetzt genügt es, einfach immer wieder an deine Vorsätze zu denken, wobei Geduld und entspannte Ausdauer sehr viel hilfreicher sind, als mit zusammengebissenen Zähnen nach Heiligenscheinen zu jagen.

Da die Absicht, Dinge zu verändern und auf eine neue, achtsamere Weise zu leben, so unendlich wichtig ist, kannst du dieser Absicht mehr Energie und Kraft geben, indem du – nur für dich – ein *Gelübde* ablegst.

Ein Gelübde, wie es oft in religiösem Zusammenhang, etwa im Christentum oder Buddhismus, geleistet wird, hilft dir, ein Versprechen, das du dir selbst gegeben hast, auch zu halten, und es ist völlig unabhängig von jeder Religion. Allerdings ist ein Gelübde doch mehr als ein Versprechen und es beinhaltet, dass wir einen freiwilligen Verzicht leisten – beispielsweise indem wir geloben, niemanden mehr in Worten oder Taten zu verletzen.

Niemand kann dich zu einem Gelübde zwingen. Es ist ganz allein deine Sache, dir selbst, deiner geistigen Quelle oder Gott ein Versprechen zu geben, das aus deinem Herzen kommt. Ein Herzensgelübde, mit dem du zum Ausdruck bringst, fortan achtsam und mitfühlend zu leben, kannst du unterschiedlich formulieren. Hier zwei Beispiele:

»Ich gelobe, niemanden aus meinem Herzen auszuschließen.«
»Ich gelobe, jedem Menschen ohne Ausnahme freundlich und mit einem offenen Herzen zu begegnen.«

Mit einem Gelübde ist es nicht anders als mit einer Absicht: Du kannst es noch so gut meinen, du wirst das Gelübde wohl doch manchmal brechen, und auch das ist vollkommen in Ordnung. Ein Gelübde ist kein Wettbewerb. Es ist eher wie ein Kompass: Wenn du in rauer See gelegentlich vom Kurs abkommst, hilft dir ein Blick auf deinen Kompass dabei, wieder den richtigen Hafen anzusteuern.

Praxis: Ein Versprechen, das du dir selbst gibst

Damit du deinen »Kompass« nicht aus den Augen verlierst, gibt es zwei einfache Möglichkeiten.

- Schreib dir dein Gelübde auf ein schönes Stück Papier, lege es auf deinen Nachttisch oder hänge es an einer Stelle in deiner

Wohnung auf, wo dein Blick immer wieder darauf fällt. Du kannst es auch falten und in deiner Brieftasche stets mit dir tragen.

- Beginne den Tag, indem du dein Gelübde innerlich formulierst. Nimm dir noch eine Minute Zeit, nachdem du den Wecker ausgemacht hast und im warmen Bett liegst. Spüre deinen Körper, atme einige Male entspannt und denke dann zum Beispiel: »Ich gelobe, heute jedem Menschen ohne Ausnahme freundlich und mit einem offenen Herzen zu begegnen.« Du wirst sehen, dass diese kleine einfache Kurzmeditation weitreichende Folgen auf deinen Tag haben wird.

Ein Wort zum Schluss

Liebe Leserin, lieber Leser,

die Menschen, die du triffst, brauchen dein Mitgefühl. Die Welt, in der wir leben, braucht Liebe und Güte. All die Wesen, die unseren Weg kreuzen, brauchen Zuwendung und Sanftmut.

Wenn dein Geist klar und wach und dein Herz offen und warm ist, wirst du ein Magier sein, der verwandelt, was verwandelt werden muss. Doch das geschieht nicht von selbst: Es kommt auf dich an – jeden Tag!

Mögest du glücklich sein.
Mögest du friedvoll und geborgen sein.
Möge dein Geist klar und dein Herz weit sein.
Mögen deine Gedanken, Worte und Taten
liebevoll und mitfühlend sein.

München 2019
Aljoscha Long & Ronald Schweppe

Verzeichnis der Übungen

Literaturtipps

Weitere Bücher der Autoren

Füttere den weißen Wolf. Weisheitsgeschichten, die glücklich machen (Kösel, München 2016)

Die 7 Geheimnisse der Schildkröte. Den Alltag entschleunigen, das Leben entdecken (Heyne, München 2010)

Bao und das Geheimnis der Gelassenheit. Wie Sie achtsam und entspannt durchs Leben kommen (Heyne, München 2017)

Karma: Die Gebrauchsanleitung … damit das Schicksal macht, was SIE wollen (Heyne, München 2011)

Das Licht des Himmels in dir. Märchen und Meditationen über den Sinn des Lebens (Kösel, München 2018)

Die Bucht am Rande der Zeit. Roman (Kailash, München 2017)

Weitere Buchempfehlungen

Germer, Christopher: *Der achtsame Weg zum Selbstmitgefühl* (Arbor, Freiburg 2015)

Goleman, Daniel: *EQ. Emotionale Intelligenz* (dtv, München 1997)

Goleman, Daniel: *Soziale Intelligenz. Wer auf andere zugehen kann, hat mehr vom Leben* (Droemer, München 2017)

Jinpa, Thupten: *Mitgefühl. Offen und empathisch sich selbst und dem Leben neu begegnen* (O.W. Barth, München 2016)
Neff, Kirsten: *Selbstmitgefühl. Wie wir uns mit unseren Schwächen versöhnen und uns selbst der beste Freund werden.* (Kailash, München 2012)
Salzberg, Sharon: *Metta Meditation. Buddhas revolutionärer Weg zum Glück* (Arbor, Freiburg 2003)
Salzberg, Sharon: *Wahre Liebe. Der buddhistische Weg, mit sich selbst und anderen glücklich zu leben* (O. W. Barth, München 2017)
Sellin, Rolf: *Bis hierher und nicht weiter. Wie Sie sich zentrieren, Grenzen setzen und gut für sich sorgen* (Kösel, München 2014)
Spitzer, Manfred: *Einsamkeit. Die unerkannte Krankheit. Schmerzhaft, ansteckend, tödlich* (Droemer, München 2018)
Thich Nhat Hanh: *Achtsam sprechen – achtsam zuhören. Die Kunst der bewussten Kommunikation* (O. W. Barth, München 2014)